앵무새가 우는 까닭

유임종 수필집

교음사

자연의 그림자처럼

가끔 이런 생각을 가져본다.

"다시 돌아올 수 없는 강을 건너가는데 딱 한 가지만 가져갈 수 있다. 과연 무엇을 택할 것인가?"라고 묻는다면 그것은 돈도 명예도 권력도 아닌 늘 나와 같이 한 자연의 한 부분이라고 말하고 싶다.

자연은 그림자를 닮아서 오직 진실한 참 모습만을 보여준다. 눈으로, 마음으로, 얼굴에 스치는 바람도…. 이 모두가 사랑으로 다가와 내 가슴에 안긴다. 오직 있는 그대로 거짓과 숨김이 없이….

계절마다 옷을 갈아입고 나선다면 그림자는 당연한 것처럼 똑같이 갈아입고 뒤를 따라온다. 그것이 남자 옷이든, 여자 옷이든, 나이가 어리든, 늙어 꼬부라지든 간에 상관하지 않는다.

햇빛이면 해, 달빛이면 달, 불빛이면 불의 그림자를 그대로 그려낸다. 놀면 따라 놀고, 일하면 일을 하고, 잠을 자면 같이 잠을 잔다. 그는 언제나 나를 소유하고 있으면서 내면의 마음까지도 내다본다.

누구의 지시나 권유에 얽매이지 않고 초원에 방목된 마소처럼 오직 자유롭게 나만을 따라한다. 그렇다고 그는 나의 분신도 아니고, 사진이나 그림은 더욱 아니다.

무엇을 사랑하고 무엇을 그리워하며 어떤 모습으로 살아왔는지 내 삶의 자체를 바닥에 내려놓고 조목조목 포인트를 찍어간다. 그리고 그는 간단하게 내 자서전을 써 내려간다.

그림자가 나를 있는 그대로 가장 서툴게, 가장 어색하게, 가장 짧게 글로 옮겨놓으니 내 자신이 수줍고 부끄러울 뿐이다. 솔직히 말씀 드리면 부족한 글이지만 많은 분들이 읽어 주시면 고맙겠다는 생각을 해본다.

끝으로 이 책이 나오기까지 도와주신 이자야 편집국장님과 강병욱 발행님께 감사의 인사를 드립니다.

2018년 10월 풍성한 가을에

저작 유임종

유입종 수필집

1부 자연에서 서정으로

2부 고향에 머문 마음

3부 깨달음의 언덕

4부 땀에서 희망으로

꽃 중에는 향기가 좋은 꽃도 많이 있다.
향기가 유독 진한 라일락꽃도 있고,
향기가 은은하게 번지는 난초꽃도 있고,
향기가 아주 얄궂게 나는 아카시아 꽃도 있다.
세간에 수입 종으로 화원에서
2월에 피는 꽃으로
그 향기가 말리를 간다는 백서향도 있다.
그 꽃은 향기뿐 만 아니라
한 가지에 여러 색의 꽃이 피기도 한다.

1부

자연에서 서정으로

바다와의 만남

바다는 비좁은 마음을 넓게 만들어 준다.

한 폭의 그림 같은 모래사장을 밟는다. 살갑게 밀려드는 잔잔한 파도가 바다와 육지 사이에다 경계선을 그어놓는다. 되돌아가지 못하고 사그라지는 파도는 은은하게 미소 짓던 어머니의 마음을 닮았다.

성난 파도는 그대로 벽처럼 쓰러져 다음 벽을 밀칠 때면, 그 마지막은 잘 생긴 바위에 부딪쳐 부서지는 순간이 햇살에 반사되어 백옥 구슬을 뿌리고 또 뿌린다.

바다의 파도는 어부나 낚시꾼에게는 싸움의 대상이지만 그런대로 낭만이 살아 숨 쉬는 절경이다. 잔잔한 일상으로 돌아갈 때만은 보는 이로 하여금 무심으로 돌아가 스스로 눈을 감게 한다. 그래서 명상에 젖어 망부석을 세운다.

푸른 바다는 어부나 낚시꾼 외에도 근래 들어 윈도서핑을 하는 젊은 이들에게는 짜릿한 물맛을 보여주고, 원양선원에게는 지나가는 세월의 외로움을 달래주고, 유람선을 탄 관광객에게는 무한의 즐거움을 선사하다. 그래서 바다는 늘 희망의 무한도전이다.

바다와 육지 사이에는 갯벌도 있고, 금빛 모래사장엔 해수욕을 즐기는 연인도 있고, 깎아내린 듯한 절벽도 있고, 술파는 항구도 있고, 외로운 방파제 등대도 있고, 순탄하지 못한 험하고 어설픈 세상도 있다.

아주 오래전부터 강릉에 살면서 내게는 바다를 접할 기회가 많이 있었다. 산으로 다니는 직장인지라 그놈의 산불 때문에 비온 뒷날의 휴일은 어려이 술 한 잔 꺾는다. 그다음은 유일한 낙이기도 하지만 답답하던 가슴을 확 뚫어주는 바다낚시를 간다.

한창 시절 아주 친한 직장동료 한 분이 가까운 거리에 살고 있었다. 그는 계절에 상관없이 새벽 5시만 되면 자전거에 낚싯대를 싣고 나와 단둘이 바다로 향한다. 여느 때는 해안가의 군 철조망이 열리지 않았는데도 쥐새끼처럼 아래를 뚫고 기어들어 가서 초병의 호로라기 소리에 통사정 한 적이 한두 번이 아니다.

민물이고 바다이고 낚시는 해 뜨는 아침이나 해지는 저녁 무렵이 가장 잘된다. 이 시간을 놓치지 않으려고 위험을 무릅쓰고 불법 침입하여 재미 좀 보려는 생각에서다.

손이 꽁꽁 얼어 미끼를 제대로 꿰기도 힘들어 전전긍긍한다. 두터운 장갑을 낀 손을 서로 부비고 호호 불어가면서, 그래 봐야 허탕이 일수이고 그렇지 않으면 겨우 가자미 한 수가 큰 성과다.

그 뒤 그 친구는 소리 소문도 없이 고향으로 직장을 옮기고, 나 역시 멀리 직장을 옮기는 바람에 10여 년간 바다낚시는 공백이 생겨서 낚싯대는 주인을 잃고 창고에서 잠자고 있었다.

정년퇴직을 하고 1년간은 병으로 푹 쉬면서 좋아하던 술과 잡귀를 모두 끊고 친구들과도 잘 어울리지 않았다. 그저 세월에 기대어 세상을 조용히 살았다.

점점 세월이 지나니 나의 건강도 회복되어 다시 새로운 활력이 생겨났다. 다시 하나 둘 낚싯대를 구입하여 시간이나 보내야겠다는 생각에 바다로 나갔다. 바다는 역시 수평선이 있는 넓은 세상으로 잠자던 마음을 깨워주기에 충분하였다. 그리고 오래된 나를 반겼다.

가만히 명상을 즐길 때면 파도는 곁에 와서 이렇게 속삭인다. '살아 움직인다는 것은 참으로 멋지고 신나는 일이다. 그리고 개똥밭에 굴러도 이승이 저승보다 낫다'고.

고기를 잡는다는 것보다 바다는 자신만의 세계에 빠져들 수 있는 쓰릴 만점의 영상을 보는 것과 흡사하다. 짜릿하고 상쾌한 기분전환을 시켜주는 괴력을 가진 괴짜 같은 존재이다.

혼자 가기 싫어 아내에게 같이 가자고 하소연 한 적이 있었다. 그리하여 10년을 넘게 함께 낚시를 다녔다. 이제는 아내가 나보다 더 선수이고 시간만 나면 가자고 졸라서 내가 따라나서는 정반대 현상이다.

지금의 바닷가에는 오막살이집 한 채도 없고, 외로운 소녀도 없지만 그 어디에서도 맛볼 수 없는 쾌감이 살아 움직인다. 단 한순간도 멈추지 않고 밀려드는 파도에 어울리다 보면, 시간이란 개념자체가 없어지고 그저 날이 어두워지면 집으로 돌아오게 된다.

그래도 아내는 잡아온 고기를 손질하느라 관절로 인한 아픈 손을 움직인다. 어제는 얼마 오늘은 얼마, 이렇게 모은 고기가 냉장고를 가득 채운다. 더 넣을 때가 없어 말려두었다가 어쩌다 고향동생이 오면 몽땅 싸서 보내는 것이 그저 즐거울 뿐이다.

며칠 전 나름대로 글을 쓰고 있는 작은 모임에서 야생고양이 떼거리에게 매일 먹이를 준다는 ○선생님의 말씀이다.

"바다에 가더라도 고기 잡는 살생은 하지 마세요."

듣고 나서 곰곰이 생각해보니 옳은 말씀 같았다. 시간이 지나서 혼자 다시 생각해본다. 그러하다면 어부란 직업은 어떻게 보아야 할 것인가 하는 또 다른 의문이 생긴다. 그럼 나도 어부인 척하고 바다로 가면 될 것 아니냐고 억지를 부려본다.

눈에 밟힐 것들

일주일에 최소한 3일 이상 꼭 가야 할 곳이 내겐 있다. 그리 멀지도 않고 그렇다고 길이 험한 곳도 아니다. 무엇 하러 가느냐고 딱히 묻는다면 두 가지 이유가 있다. 첫 번째가 늙어 가면서 건강을 위해서이고, 두 번째는 순진하고 향기로운 자연을 즐기기 위해서다.

산책이라 하기도 뭐하고, 등산이라 하기는 너무 가깝다. 왕복 5Km 정도쯤 되는 거리인데 조그마한 야산을 두 번 넘으면 된다. 그곳은 얽힌 삶의 타래를 풀 수 있는 저수지 모퉁이 언덕이다.

시원하게 펼쳐지는 저수지 전체가 보일 뿐 아니라 사방에 청청한 아름드리 소나무 숲이 버티고 있다. 소등처럼 생긴 공간에 10여 종류의 운동기구와 쉼터, 오래되어 현판이 늙은 정자, 그리고 넓은 야영 데크(deck)가 2개나 있다.

이곳은 산책이나 운동코스로 많이들 찾는다. 저마다 특색 있는 차림으로 삼삼오오 아니면 홀로 고독을 밟으면 오는 이도 있다. 때론 모여앉아서 음료수를 즐기며 한가한 수다를 떨기도 하고, 가끔 카메라맨이 와서 풍경을 박기도 하며, 악기를 연주하여 관객을 모으는 이도 있다. 너 나 할 것 없이 모두 자연의 품에 안기어 편안함을 즐긴다.

천천히 숨을 돌리고 편안하게 이곳에 이른다. 맨손체조, 뜀뛰기와 각종 기구를 이용한 운동을 가볍게 한다. 기구 운동 중에는 누워서 하는 허리운동이 제일 멋있다. 가만히 누워서 위를 보면 쭉 벋은 소나무 가지 사이로 바람이 가늘게 불어 한들거리는 솔잎, 그 사이로 색상을 드러내는 하늘, 빛살을 내리쏘는 태양이 조화를 이룬다.

여느 때는 구름을 끌고 달리는 바쁜 하늘이 보이는가 하면, 잔뜩 찌푸린 날은 금방 일그러질 것만 같은 구름 이불이 하늘을 감춘다. 이를 때면 다시 푸른 하늘을 볼 수 있다는 기대 때문에 가슴이 부풀어 오른다. 아무튼 누워서 하늘을 볼 때마다 마음은 한 없이 넓어지고, 생각은 한없이 깊어진다. 이때 내려놓기를 거부당한 번뇌는 주변을 뱅뱅 돌다가 여태 느껴보지 못한 진정한 감정으로 돌아온다.

저수지 가는 길에도 봄이 온다.

양지바른 뚝 밑에는 줄지어 핀 매화가 화장품 장사를 한다. 옛날 옆집 여자또래가 캐던 쑥이랑 달래도 앞서거니 뒤서거니 키를 자랑한다. 물가에는 버들강아지가 솜털로 귓밥을 비비고 봄비에 휘늘어진 버들가지가 까불거리며 망막을 흔든다. 물오리가 무리를 지어 물살을 가르기도 하고 숨다 나타나기를 반복하며 숨바꼭질에 여념이 없다.

봄이 점점 본색을 드러낸다. 화사한 벚꽃이 화려하게 남산을 단장한다. 산자락마다 분홍물감을 뿌린 듯 진달래가 피고, 해질 무렵이면 나뭇잎은 송홧가루에 노을이 무쳐져 봉숭아 빛으로 분장을 한다.

여름이면 높이뛰기를 자랑하는 노루가 숲에서 머리를 보였다 숨겼다 장난을 치고, 콩밭 메는 고라니와 산토끼는 작물을 작살내고, 피를 토하는 뻐꾸기는 이산 저산에서 계절을 읊조린다.

가을이면 고개 숙인 벼, 조, 기정과 감. 사과. 배가 익어 풍요로운 풍경을 연출한다. 붉은색으로 익어가는 가을 산이며, 세월을 낚는 태공의 한가한 모습도 간혹 보인다. 겨울이 오면 솔가지에 올라앉은 눈이 떨어지는 낙하설경은 가히 경이롭다. 멀리서 날아온 백로가 앉은 소나무 숲은 청청 백백(靑靑 白白)이 완연하며, 저수지는 꽁꽁 얼어서 햇빛이 반사되고, 대관령 찬바람은 모자속의 볼을 매섭게 후려친다.

외국여행이라도 다녀 올 때면 나는 사계절이 선명한 우리나라에서 살고 있다는데 자부심과 긍지를 가진다. 그리고 늘 자연과 함께 할 수 있다는 것에 무한한 행복을 느낀다.

언제가 될지는 몰라도 누구나 한번은 이승을 떠나야만 한다.

가는 날 처자식과 함께 눈에 밟히는 것들이 있다면, 당연히 사계절의 선명한 변화와 아름다움을 안겨주는 평화롭고 고요한 음악 같은 낯익은 내주변의 자연풍경이 아닐까 싶다.

훗날 눈에 밟히는 것을 오래도록 남기기 위하여 오늘도 나는 저수지 방향으로 가벼운 발걸음을 찬찬히 옮겨본다.

불같은 사랑

산지기라면 누구나 산으로 하여금 한 번쯤 웃지 못 할 일을 겪은 적이 있을 것이다. 40년 가까이 산을 상대한 나로서도 재미있는 일들이 어찌 없겠는가. 그중에서 지금까지 잊어지지 않는 기억 하나를 되짚어 볼까한다.

봄철이 오기 전에 나무를 심기위하여 제일 먼저 심을 장소를 만들어야 한다. 그러자면 희망 없는 잡목과 지피물을 먼저 정리를 한다. 이것을 두고 임업술어로 '조림예정지정리사업' 또는 '지존정리사업'이라고 한다.

이 사업으로 제거한 지피물을 아래 위 또는 양옆으로 골을 지어 쌓고 빈 공간에 나무를 심는 방법이 있고, 지피물이 적을 경우에는 아예 지피물을 몽땅 밖으로 끄집어내는 방법도 있었다. 그밖에 군데군데 공간을 제거하여 나무를 심는 것도 있고, 산세와 임상에 따라 여러 가지 방법들이 동원되었다.

태백은 고지대라서 다른 지역보다 일찍 겨울이 찾아온다. 나는 우리나라에서 제일 높다는 '추전역' 아래의 넓은 골짜기에 20ha가 넘게 이 사업을 맡았다.

무연탄광산이 한창 잘 돌아가던 시절이다. 무분별하게 벌목하여 동발감으로 모두 갱내에 들어가서 산에는 제대로 서 있는 나무가 없다. 그래서 산에는 장래가 없는 관목들만이 무성하여 이 사업지에는 대부분 지존물이 많이 있었다.

작업 인부들은 외지에서 온 중년 남자들과 시내에 사는 형편이 어려운 여자들이 대부분이었다. 남자 중에 일 잘하고 똑똑한 이를 골라서 조장으로 내세우고 조장을 상대로 이 작업을 운영한다. 그 대신 조장에게는 사전에 예산을 알려주고 예산 범위 내에서 일을 시키도록 한다. 그 대신 적은 돈으로 일을 끝마칠 경우는 잔액을 조장이 가질 수 있도록 약속을 한다. 따라서 조장은 본인도 열심히 일을 할 뿐 아니라 조원들을 잘 부리기 위하여 수단과 방법을 가리 않고 최선을 다한다.

하루 한 번씩 오후에는 그날그날의 작업 상태를 점검하고 보완지시 또는 문제점을 해결해주기 위하여 작업장을 간다. 조장은 인물과 체격도 좋고 마음씨까지 고운대다 부인과 사별한 홀아비라서 여자인부들에게 인기가 대단했다. 그런데 여자인부들 중에 그와 비슷한 또래 과부가 한 사람 있었다. 무슨 이유인지 몰라도 점검 갈 때 마다 둘은 나란히 붙어서 일을 하였고 이상할 정도로 정다워 보였다.

사무실 행정업무를 전담하는 차석이란 직책을 가진 나로서는 사무를 볼라, 산불계도를 할라, 조림예정지 정리사업장 점검을 할라, 정말 눈코 뜰 사이가 없이 바쁘다.

이 사업을 한 달 이상 한지라 이제 마지막 마무리 작업만 남았다. 12월 중순이 넘어 눈이 올 때도 되었는데 가뭄으로 산지는 바싹 말라 산불위험이 최고도에 달했다.

기온이 급격히 떨어진 데다 바람까지 불어 몹시 춥다. 나는 관내에서 가장 먼 곳에 산불계도를 하다가 인근 동네 식당에서 라면을 먹고 있었다. 갑자기 무전기에서 '추전역으로 가보라.'라는 무전이 잡혔다. 산불이 발생하면 발견 즉시 상부에 보고하게 되어있다. 하도 보고 건수가 많아 건수를 줄이고자 산불 발생 정보를 노출시키지 않으려고 그저 그곳으로 가보라고 한 것이다.

그래서 산불현장에 도착하니 이미 경찰과 소방서 그리고 가까운 주민들이 나와서 원불은 다 끈 상태였다. 아니나 다를까, 조림예정지정리 작업으로 골을 지어 모아놓은 지존물이 몽땅 다 타버리고 다행히 다른 임지에는 번지지 않았다. 경찰과 소방관에게 지존물만 탔으니 상부에 보고는 하지 않기로 하고 마무리를 지었다.

다들 돌아간 후에 조장은 내게 와서 실수로 불을 냈으니 한 번만 살려달라고 애원했다. 주위를 살펴보니 뚜껑 열린 점심도시락이 까만 잿더미 속에 보였다. 나는 우선 조장을 안심시키고 자초지정을 듣기로 하였다. 날씨가 추워 다른 인부들은 안 나오고 조장과 과부여자 단둘만이 나와 오전 작업을 마치고 점심을 먹으려고 모닥불을 피운 것이 그만 옮겨 붙은 것이라고 하였다.

둘의 모습을 보니 불을 끄느라 옷은 말 할 것도 없고 얼굴과 머리는 새까만 깜둥이와 흡사하였다. 그래도 그들은 미안한 마음을 감추지 못하고 놀란 토끼 눈을 하고 있었다. 그 모습에서 나는 새삼 미묘한 삶의 의미를 느낄 수 있었다.

다음해 봄이 왔다. 불탄 구역이라 비록 깜둥이는 될망정 쉽게 나무심기를 마칠 수 있었다. 나무심기를 막 마친 4월 중순경 그들 둘은 산불을 빌미로 살림을 합치고 부부가 되었다고 기별이 왔다.

얼마 전 우연히 그곳을 지나다보니 그때 그 일이 생각났다. 그때 심은 낙엽송이 아름드리가 되어 푸른 하늘을 찌르고 있었다. 나는 그들 부부가 지금은 더 행복 할 것이라 믿어본다.

야음(夜音)

니이가 많아지면 감성이 무디어 진다.

가물거리며 껌벅이는 눈에다, 윙윙 소리 내면 우는 귀에다, 기름기가 쫙 빠져 밥상에서 자주 수저를 놓치는 손에다, 단맛에 중독되어 쓴맛을 아예 잊어버린 혀에다, 늘 감기 기운을 달고 살아 훌쩍거리다가 깨 볶는 것을 모르는 코에다, 이 모두는 요즘 들어 나에게 따라 다니는 웃지 못 할 불청객 같은 존재들이다. 그래도 살아남는 것은 분명히 있다.

사람들은 언제나 그저 그냥 지나친다. 지나치는 순간순간이 이어져 세월이 되고, 세월 따라 자연히 나이를 먹게 된다. 그러나 기억에서 지워지지 않는 그 무엇인가는 있기 마련이다.

제목부터 야음이니 밤에 들려오는 소리인지, 들판에서 나는 소리인지, 구별이 잘 안 될 것이다. 먼저 둘 다라고 못을 박아 본다.

지금으로부터 20년 전쯤이다. 가을에서 겨울로 가는 어정쩡한 계절이었다. 외투를 걸치기도 그렇고 그렇다고 남방을 입기도 그런 어중간한 날씨였다. 태백에서 늦은 저녁을 먹고 강릉으로 돌아오는 골이 깊은 밤길이다. 이 길은 2차선 포장도로이나 굴곡이 심하고 꼬불꼬불하여 단 한 순간도 정신을 붙잡아 매지 않고는 달릴 수 없다.

더 먼 옛날의 이 길은 비포장으로 산판 나무를 나르는 GMC만 다니던 험한 곳이다. 그래서 인가가 드물고 골짜기와 하천을 따라 난 길로 주위 경관이 무척 빼어났다. 휘영청 달 밝은 가을밤 이곳을 지나다 보면 죽은 당나라 '이태백'이가 다시 살아난 것 같은 기분이 드는 곳이기도 하다.

한창 무연탄 산업이 번창하던 70년대 일어난 일이다. 이곳에도 산업용수와 식수공급을 위하여 광동댐을 막았다. 댐의 전체 경관이 가장 잘 보이는 도로변에 등나무 지붕의 쉼터가 있다. 그리고 전망대와 함께 넓은 주차장이 있어 쉬어 가는 곳으로는 안성맞춤이다.

그날 태백에서 모처럼 옛 직장 동료를 만나 불고기에 약간의 소주까지 곁쳐 아주 배가 욕할 정도로 많이 먹었다. 그리고 술을 깨운다고 음료수에 커피까지 마셨다. 한참 달려서 피재를 넘으니 졸음이 쏟아진다.

에라~ 나도 모르겠다! 이왕지사 늦었으니 잠간 눈이나 붙여보자고 광동댐 전망대 쉼터에 차를 세웠다. 유일하게 외등 하나가 켜져 있으나 낮에 내린 비의 영향으로 댐에서 증발한 수증기가 밤안개로 변하여 한 치 앞도 보이지 않는다.

답답하여 먼저 차창을 조금 열어본다.

이때 안개 낀 저 쪽에서 어렴풋이 들려오는 가늘고 애달픈 여인의 울음 섞인 소리가 내 귀를 방문한다. 토끼처럼 귀를 쫑긋 세운다. 차에서 내려서 음파탐지기처럼 소리 나는 방향으로 넘어지지 않으려고 더듬어 살금살금 접근한다. 소리는 점점 또렷하게 들린다. 순간순간 호기심은 더욱더 깊고 무겁게 발동한다.

조그만 더, 조그만 더 가까이 가보자. 설마 처녀귀신은 아니겠지 마음을 다잡아본다. 이때 희미하게 승용차의 형체가 눈에 들어온다. 한발 한 발 더 조심조심 다가갔다. 소리는 승용차 안에서 나오는 것이 분명하다. 무슨 여자가 울 때가 없어 이 늦은 밤에 여기까지 와서 우나. 소름이 기치고 무섭기도 하였으나 발동하는 궁금증만은 제동을 걸 수가 없었다.

이때부터 금세 들킬 것 같아 아주 아스팔트 바닥에 납작 엎드리다시피 낮은 포복 자세로 더 가까이 최대한 가까이 가서 멈추었다. 그 다음 얼마를 지났는지 몰라도 흐느끼는 울음소리는 그치고 천지가 고요하고 적막강산이다.

한쪽 차창이 내려진다. 무어라 속삭이듯 낮은 남자의 목소리에 여자의 비음이 비벼져 실오리처럼 밖으로 날아 나온다. 그리고는 이내 시동과 라이터가 켜지고 차는 나를 비켜서 태백으로 달아난다.

그 흐느낌 의미가 무엇일까? 그게 사랑의 고백이든, 애정의 표현이든 아니면 불륜의 장난이든, 그것이 중요하지는 않다. 후진 소설의 한 대목 같은 사실의 목격이 부끄러울 뿐이다.

그로인하여 쏟아지던 졸음은 도망가고 무사히 집에 도착 할 수 있었다. 요즘도 가끔씩 머리를 스쳐가는 생각들 속에서 그때 그 일이 무심코 튀어나온다. 그를 때면 혼자서 피식 멋쩍게 웃고 다시 그 생각을 세월 속으로 홱~ 던져 버린다.

채마전 가꾸기

기와집이든 벽돌집이든 도심의 아파트를 제외한 대부분의 단독주택들은 소유 개념 의미에서 담장 또는 울타리가 있다. 각자가 살고 있는 집의 담장 안이던 아니면 아주 가까운 거리에 채소를 가꿀 수 있는 자그만 한 밭을 채마전(菜麻田)이라 한다.

채마전은 작게는 한두 평이 될 수도 있고 몇 십 평 또는 백 평이 넘을 수도 있다. 채마란 그냥 심심풀이 아니면 소일거리로 집 안 밖에서 특별히 힘 안 들리고 손수 예쁘장하게 가꾼 채소를 말한다.

내가 살고 있는 집으로 처음 이사 왔을 때는 대문 앞이 무논으로 이른 봄에는 개구리가 구성지게 어둠을 읊었다. 그러다 서서히 주변에 아파트와 빌라가 들어서고 개인주택들도 높아져 그에 따라 집 앞으로 새로운 도로가 생겼다. 그로인하여 도로 건너편에 좁고 긴 공지도 형성되었다. 나는 이웃보다 한발 앞서 그 공지를 자그마한 채마전으로 만들었다. 그때가 벌써 30년이 훌쩍 지났다.

그곳은 높은 뚝 밑의 양지라 아직 눈이 덜 녹은 이른 봄이지만 노랗게 새순이 돋는다. 쑥이랑 돌나물 그리고 냉이와 달래도 볼 수 있어 제일 먼저 봄 향기를 몰고 온다.

채마전 앞에 자리한 복숭아나무에 연분홍 꽃이 필 때면 나는 삽과 괭이로 채마전을 다시 일구어 숙성된 계분을 뿌리고 적당히 골을 만든다. 그리고 무 , 배추, 상치, 쑥갓, 고추, 가지, 오이, 호박을 적당히 배분하여 심는다. 서툰 농사일이지만 한바탕 땀을 빼고 나면 그 다음에 오는 기분은 마치 천지를 얻은 것 같다.

이때부터는 매일 분주한 아침이 시작된다. 어떤 날은 호미를 들고 나가고, 어떤 날은 물 조루를 들고 나가고, 또 어떤 날은 모종삽을 들고나간다. 그들이 싹을 틔워 자라는 모습을 관찰하는 재미는 그 어떤 즐거운 과도 바꿀 수 없는 유일한 낙이다.

하룻밤 자고나면 채소는 또 다른 모습으로 나를 반긴다. 이를 때면 '뿌리는 대로 거둔다.'는 옛 어른들의 말씀이 절절이 느껴지는 순간이다.

봄부터 가을까지 부지런히 어린애처럼 보살피다 보면 잎도 자라고 꽃도 피고 열매도 열리고 뿌리도 굵어진다. 아내와 둘이서 부지런히 채소를 뜯어 나른다. 어떤 때는 고추와 오이를 따서 된장에 찍어 먹기도 하고, 상추와 쑥갓쌈은 물론이고 가지와 호박도 입맛을 살린다. 여름철 손님이 오면 그곳에서 생산한 채소를 상에 올리면 맛있게 먹고 다들 칭찬을 아끼지 않는다.

채마전에서 일을 한 노동의 대가로 받은 것은 채소뿐만 아니고 상쾌한 기분도 한 몫을 한다. 또한 별 탈 없이 쑥쑥 자라는 채소들이 주는 순수하고 편안한 마음에다, 매일 싱싱한 야채가 밥상에 오르니 입맛도 깊어지고 건강도 좋아진다.

이웃이 지나가다 "고추가 탐스럽다."하면 고추를 따 주고, "가지가 많이 달렸네!"하면 기지를 따 주고, 그리하여 이웃 간의 정(情)도 두터워지고 더불어 맛있게 잘 먹었다는 인사까지 따라온다.

그 뿐만 아니고 채마전의 본래의 역할은 아니지만 어떤 채소를 심는가에 따라 때론 화단이 되기도 한다. 노란 오이와 호박꽃도 피고, 자주색 가지와 도라지꽃도 피고, 벌과 나비가 찾아오는 유채(월동 초)와 장다리꽃도 피어 보는 이의 마음을 즐겁게 한다.

실로 채마전은 건강을 지켜 주는 약방에 감초 같은 존재이다. 또한 내게는 일석이조가 아닌 일석 수조의 효과를 가져다주는 하나 밖에 없는 소중한 보물이기도 하다.

축제에 찾아온 불청객

춥다 춥다 해도 이렇게 추울 수가 있을까?

매서운 칼바람을 앞세우고 방금 북극에서 들이닥친 한파이다.

오들오들 떨고 있는 것도 유분수지 바람막이만 있으면 쥐구멍이라도 좋으니 어디 들어갈 만한 곳이 있는지 살피는 사람들의 모습은 두더지와 흡사하다.

88년 서울하계올림픽 이후, 30년 만에 힘겹게 2018년 동계올림픽이 우리를 찾아왔다. 보통 사람의 운세를 두고 '팔자'라고들 한다. 그래서 그런지 몰라도 올림픽은 팔자를 좋아하는 모양이다.

내게는 12가족이 멋지고 재미있게 보내는 동갑계 모임이 있다. 여기서 모아둔 계금으로 우리들은 동계올림픽 개막식이 열렸던 평창군 대관령으로 갔다.

흔히들 가는 날이 장날이라고 평소에도 춥지만 이날따라 한 낮인데도 영하 10도가 넘는 매서운 날씨였다. 칼바람까지 불어 체감온도는 상상에 맡겨야만 했다.

버스는 시내 올림픽 빙상경기장을 모두 돌아서 시내와 멀리 떨어진 합동주차장에서 다시 갈아탄다. 대관령을 넘어서 또다시 다른 버스를 갈아타고 겨우 메인스타디움이 있는 곳에 도착하였다.

횡계 벌판에 세워진 메인스타디움의 성화는 바람 속에서도 활활 타고 있었다. 일요일이라 그런지 몰라도 모여든 인파가 마치 인종전시장을 방불케 했다. 사방에서 몰려든 차량은 넓은 집결지에서 온통 장사진을 친다.

교통 사정상 경기 모습은 보지 못하고, 메인스타디움 주변에 설치된 각종 전시장를 돌아보았는데 꽤 볼거리가 많아 흐뭇한 기분으로 돌아설 수 있었다.

시내에 들어서니 빨간 산림청 헬기가 머리 위로 요란한 소음을 내며 어딘가를 날아간다. 집에 돌아와 보니 TV에서 강풍을 타고 삼척에서 산불이 났다는 뉴스가 흘러나온다. 그것도 한 곳이 아니고 하루 사이에 무려 4건의 산불이 발생한 것이다. 그중 2건은 초기대응을 잘한 탓으로 즉시 진화되었으나 나머지 2건은 현재 진행형이다. 강풍을 타고 산불은 능선을 넘어 거침없는 질주를 계속한다.

과거 영동지방은 늦게까지 눈이 와서 4월 중순이 넘어서야 대형 산불이 발생하였다. 그러나 요즘 들어 눈이 서해안이나 남해안으로 가고, 대신 시도 때도 없이 차갑고 건조한 날씨에 강풍까지 불어 산불로 아주 몸살을 앓는다.

크고 작은 무수히 많은 산불과 사투를 벌려왔던 나인지라, 산불이라면 지긋지긋하게 몸서리치는 괴물이나 요사스런 도깨비방망이 같은 존재로 여겨진다.

순전히 인력만으로 진화하던 시절, 밤새 산불을 끄다 보면 옷이니 신발은 물론이고 얼굴까지 깜둥이가 되었다. 특히 맨손을 갈퀴대신으로 사용하여 손톱 밑에 피가 난 적도 여러 번 있었다. 그러하다 보니 배고픔을 겪는 것은 다반사다. 그러나 그때는 마을주민들이 총동원되어 내 집에 불난 것처럼 산불을 꺼준 덕택으로 쉽게 진화 할 수 있었다. 요즘 산촌은 옛날 같지 않다. 고령자만 남아 제 몸도 가누지 못하는 실정이다. 더욱이 산림이 울창하여 가연성 물질이 많아 진화가 매우 어렵다.

이번 산불발생지가 2018동계올림픽이 열리는 평창과는 불과 60Km 밖에 떨어지지 않아 많은 사람들이 우려를 나타내기도 하였다.

특히 강풍에다 급수마저 얼어붙었다. 헬기진화가 어려워 5일이나 지나서 겨우 진화를 종료하였다. 그동안 진화헬기 27대와 무려 6,000여 명의 인력이 투입되었으나 결국 우리의 소중한 산림 117ha가 잿더미로 변했다.

한번 소실된 산림을 원상회복하는 데는 최소 수십 년의 세월이 걸릴 뿐 아니라 이로 인한 재난복구비로 들어가는 예산도 만만찮다.

그보다도 빙상경기가 열리는 강릉 상공에 붉은 산불진화 헬기가 왔다 갔다 하는 모양세가 과히 세계적으로 영광스럽지 못한 수치(羞恥)이다.

몹쓸 놈의 산불이란 불청객이 하필이면 지구촌 축제인 동계올림픽을 피해가지 못하고, 결국 대형 사고를 치고 말았다는 것에 우리는 그저 안타까울 뿐이다

향기로 피어난 꽃

봄이 올 것이라 하지만 아직은 겨울에 가까운 계절이다.

먼 산에는 노인네 머리 같은 희끗희끗한 잔설이 남아있다. 그러나 간간이 부는 바람은 차갑지만 어딘가 봄 냄새가 모락모락 피어나는 것 같다. 이를 때면 괜히 가슴이 답답하다 못해 통통거리고 울렁거리면서 아련한 심사를 못 참아 봄바람이 난다고들 한다.

때맞추어 봄도 희망의 새싹을 틔우려고 한바탕 몸살을 앓는다. 추위를 밀치고 매화가 꽃망울을 틔운다.

아름다운 다도해의 해변 기슭에 무리지어 자리 잡고 붉음을 자랑하는 동백이 있는가 하면, 하우스 속에서 계절을 잊어버린 꽃들이 피어나 아름다운 경쟁을 벌인다. 지리산 자락의 구례와 낙동강 강마을 양산 구포에는 서로 먼저 피어 보겠다고 매화가 요술을 부린다.

그러나 내게 가장 먼저 꽃 소식을 전하는 것은 매화가 아닌 천리향이다. 담장 위 화분에서 매화보다 한 발 앞서 내게 봄의 향기를 전해준다. 겨우내 추위를 감싸 주던 푸른 잎에서 자주색 바탕의 흰 끝동을 단 저고리를 입은 설익은 처녀처럼 핀다.

몇 해 전 강릉교육문화관에서 평생교육으로 분재를 가르치는 분재반이 있었다. 이때 아내가 이 교육을 수강하면서 한그루 가져와서 예쁜 화분에다 정성껏 모셨다. 낮은 담장 위에 올려놓고 영양제와 물을 주고 밤이며 담장 아래로 내려놓아 추위로부터 보호해 주었다. 그랬더니 2월인데도 아름다운 꽃과 달콤한 향기를 내게 선물한다.

먼 옛날 어느 고명하신 스님께서 잠결에 맡은 좋은 향기를 찾아 갔더니 추위에도 아랑 곳 하지 않고 천리향 꽃이 피어 있었다고 전한다. 혹자는 꽃향기가 가득한 나무라 하여 잠결 수(睡)자에 향기 향(香)자를 붙여 수향이라고도 하고, 그 향기가 쌍스럽다고 하여 서향(瑞香)목이라 부르기도 한다.

꽃 중에는 향기가 좋은 꽃도 많이 있다. 향기가 유독 진한 라일락꽃도 있고, 향기가 은은하게 번지는 난초꽃도 있고, 향기가 아주 얄궂게 나는 아카시아 꽃도 있다. 그리고 세간에 수입 종으로 화원에서 2월에 피는 꽃으로 그 향기가 말리를 간다는 백서향도 있다. 그 꽃은 향기뿐 만아니라 한 가지에 여러 색깔의 꽃이 피기도 한다.

'호박꽃도 꽃이라'고 아무리 못 생긴 꽃이라도 꽃을 보고 침을 뱉거나 화를 내는 사람은 없을 것이다. 향이 쌍스러워 서향이라 불러도 좋으니 천리향은 내게 제일 먼저 봄이 온다는 소식을 알려 주고 진실한 아름다움과 은은한 사랑의 향기를 가져다준다. 그래서 천리향 화분 하나를 내 침실에 모셔다 놓고 오래오래 행복을 누릴까 한다.

눈 내리는 대미마을

평창군 방림면에 해발 800m에 큰 분지로 형성된 '대미'라는 마을이 있다.

전형적인 화전민촌으로 드문드문 양지에 양철지붕이 있던 마을이다. 한창 때는 50여 가구가 살았으나 대부분 도시로 떠나가고 겨우 10여 가구만 남아 있다. 이곳은 옛날부터 논이 없는지라 옥수수, 감자, 고랭지채소를 심어 생계를 꾸려가고 있었다. 군데군데 허물어져 가는 집들이 지나간 세월의 흔적을 보여주고 있다.

내가 이곳과 인연을 맺은 것은 총각 시절 직장에서 처음으로 맡은 담당 지역이기 때문이다. 그때는 봄이 되면 쟁기로 밭을 갈고, 아낙들은 모자 대신 수건을 쓰고 옥수수나 감자 농사를 지었다.

겨울이면 잡목들이 눈옷을 입고 추위에 떨었고, 봄이며 진달래가 마을을 온통 뒤덮어 꽃동네가 되었다. 이 동네 주민들은 집 이웃도 있고, 밭 이웃도 있어 넉넉하지는 못해도 서로 돕고 나누어가면서 아주 평화롭게 잘 살았다.

여기서 태어나 자란 처녀들은 쌀 한 톨 제대로 구경 못하고 속살이 하얀 감자나 옥수수만 먹고 시집간다고들 하였다. 그래서 그런지 몰라도 처녀들은 살결이 백옥같이 고운데다 마음까지 착하여 행복마을에서 솟아난 천사와도 같다고 하였다.

몹시 정들어 다니던 곳이라 내게는 겨울의 차가운 냉동실 같은 추억에다 삶은 옥수수 같은 구수한 미련이 동시에 남아있다. 얼마 전 홀로 '대미'마을을 다시 찾을 기회를 만났다. 옛날에 다니던 창수동에서 성애골 재를 넘어 걸어서 가기로 하였다.

창수동마을은 깊디깊은 산골 마을이었으나 지금은 시원하게 포창도로가 뚫려 있다. 대도시에서 산골 맛을 보겠다고 이사 온 사람들도 있고, 돈 많은 사람들의 별장과 숙박시설이 들어서서 하룻밤 묵는 것은 그리 어렵지 않았다.

아직은 봄이 오려면 이른 감이 들어 덧옷은 챙겨 넣고 버스로 창수에 도착하여 짐을 풀었다. 다음날 조금 늦게 배낭을 메고 오랜만에 부지런히 옛길을 걸었다.

하늘은 심통 난 늙은이처럼 잔뜩 찌푸리더니 금세 눈이라도 쏟아질 것만 같다. 아니나 다를까 한 시간도 채 못가서 눈발이 뿌린다. 아직 재를 넘어 '대미'까지 가자면 반도 채 못 왔다. 하늘은 바람난 과부가 열정을 쏟아 내듯 거침없이 눈을 퍼붓는다. 눈발은 점점 굵어져 순식간에 성애골 전체를 그림 없는 맨 도화지로 만든다. 다행히 바람이 불지 않아 눈 내리는 산골은 쥐죽은 듯 고요하고 한적하다.

모자 쓴 얼굴을 빗겨서 떨어지는 작은 솜뭉치 같은 눈송이는 순식간에 길을 지워버린다. 또 다른 수많은 눈송이는 겨울 참나무 가지에 열려 눈꽃을 피웠다. 점점 발자국 깊이는 깊어지고 뽀드득뽀드득 소리를 내면서 등산화 밑창은 무늬를 찍어낸다.

깊은 산중에서 나 홀로 하얀 마음으로 하얀 눈 속에 파묻혀 걷고 있다. 아직 갈 길은 먼데 몸은 점점 무거워지고, 겉옷은 눈에 젖고 속옷은 땀에 젖어 기분이 온통 칙칙하다. 더딘 걸음으로 오후가 반을 넘었을 무렵에야 비 맞은 병아리 모양에다 신발에서 삐걱삐걱 물소리를 내면서 반 거지꼴로 이장 집 대문을 두드렸다.

반세기 가깝게 지나온 세월이다 보니 누군지 몰라서 이장은 나를 뚫어지게 쳐다보더니 그제야 말을 건넨다.

"아이고 이게 누군가! 유 주사님 아닌가."

황급히 두 손을 잡고 사랑채로 안내한다. 그날 밤, 이장이 잡아준 토종닭 백숙에 기름이 동동 뜨는 옛날에 먹던 노~란 옥수수 청주를 주거니 받거니 시간이 흘러갔다.

둘은 거나하게 술에 취했다. 이장은 서글픈 한마디를 내뱉는다.

"지금은 다 떠나가고 나처럼 늙은이만 살고 있는데, 나도 이제 여기서 죽을 날만 기다리는 거여."

늙은이 방안은 한동안 쓸쓸한 침묵이 흐른다.

밤새 소리도 없이 눈은 점점 쌓인다. 자정이 넘어 바깥 화장실을 가다 보니 눈에 무릎이 잠긴다. 새벽닭 울음에 눈을 떴다. 이장은 벌써 밖에서 눈을 치우고 있었다. 방문을 열고 밖으로 나가니 시야는 온통 흰색 이외는 아무것도 보이지 않는다.

구름 한 점 없는 동녘 하늘에서 햇살이 쏟아진다. 그 빛이 반사되어 눈을 뜰 수가 없다. 그야말로 아름답고 순수한 세상이 바로 여기에 있구나 싶다.

늦은 아침을 먹고 이장과는 어쩌면 못 지킬 약속인 줄 알면서도 다시 만나기로 언약한다. 눈 덮인 '대미'마을을 뒤에 두고 폭폭 빠지는 생눈을 파면서 굴아우를 거쳐 기진맥진한 채, 젖 먹던 힘을 다하여 계촌본동으로 내려왔다.

내려오면서 수십 번을 넘어져 고통스러웠지만 마음만은 때 묻지 않은 세상에 살고 있는 천민(天民) 같았다. 그리고 한동안 멍하니 흰 먼 산을 바라보면서 눈처럼 한세상 티 없이 살다 가겠다고 마음속으로 몇 번을 다짐해본다.

화려함의 다음은

꽃은 예쁘고 아름답다.

꽃을 보고 비웃는 사람은 없다. 꽃을 보고 얼굴을 찡그리는 사람 역시 없다. 꽃을 보고 '넌 피지 말라라! 넌 참 못생겼으니 저리가라!'라고 소리치며 외면하는 사람은 더더욱 없다.

속이 비지 않는 사람이면 꽃을 보고 욕설을 하거나 시비를 거는 자는 없을 것이다. 그만큼 꽃은 사람의 마음 가장자리에서 아름답게, 어여쁘게, 화려하게, 청순하게 피고 있다. 색깔과 생김새는 물론이고 피는 시기와 향기에 따라 느낌도 각각 다르다.

꽃은 가히 천의 얼굴을 가진 천사이다.

그러면 꽃의 역할을 무엇일까?

생물학적으로 볼 때, 종 번식에 대한 하나의 수단이며 그 한 과정이라 할 수 있을 것이다. 식물은 꽃으로 인하여 열매를 맺고, 그 열매가 싹이 트고 자라서 다시 꽃을 피운다. 이것을 두고 바퀴처럼 돈다고 하여 윤회(輪回)라고 한다. 그러나 꽃은 누구를 위하여 피는 것이 아니고 보는 이가 있든 없든 간에 계절에 따라 피어난다.

내가 살고 있는 집을 나서면 자그마한 남산이 보인다. 남산은 산이라기보다 하나의 도시공원에 더 가깝다. 입구에 들어서면 190여 계단이 있고, 계단이 끝나는 정상에는 T자형의 '오성정'이란 정자가 있다. 이 정자에는 6·25 때 인민군에 항거하다 순직한 대한청년단원들을 길이는 충혼탑과 '삼학도'의 묘비가 있는 곳이기도 하다. 정자에서 내려다보면 남대천과 시내가 한눈에 들어온다.

그저께 청명 한식이 지나갔다. 20도에 가까운 봄 날씨에 맞추어 처녀바람 끼에 꼬드기어 봄비마저 살짝 소리 소문도 없이 지나쳐간다. 따사로운 기운에 노곤한 아침을 맞아 길 잃은 나그네가 사거리를 만난 것처럼 멍하니 나는 남산을 바라본다. 어제까지 멀쩡하던 남산에 밤새 누가 하얀 팝콘을 잔뜩 뿌렸을까.

밤새 벚꽃이 활짝 웃었다.

한때는 벚꽃을 두고 일본의 국화 '사쿠라'라 하여 미워하고 배척하던 때도 있었다. 벚꽃이 무슨 죄가 있겠습니까. 꽃은 꽃으로써 만인에게 눈요기를 시켜주고 즐거움을 가져다주면 그것으로 의무를 다 했다고 할 것이다. 단지 벚꽃에 흠이 있다면 순식간에 피었다가 예고 없이 한 순간에 진다는 것이 아쉬울 뿐이다.

옛날부터 진해군항제의 벚꽃이 유명하였고, 창경궁의 벚꽃도 전통이 있기로 이름나 있다. 그러나 요즘은 다르다. 전국 각지에서 4월이 오기도 전에 벚꽃축제를 한다는 현수막이 펄럭인다. 내일모레면 이곳 남산에도 벚꽃축제를 한다고 지금부터 야단법석을 떨고 있다. 아무튼 꽃이 흠이 될 수는 없기에 축제를 많이 해서면 좋겠다.

그런데 지난해 나는 보았다. 화려한 한때를 순식간에 넘기고 봄비에 촉촉하게 젖어서 진흙탕 바닥으로 굴러 떨어지는 꽃잎들을! 그것도 미친 봄바람에 폴폴 날려 이리저리 아무 데나 내려앉는 꽃잎들을! 그것도 모자라 꽃들을 보고 즐거워하던 사람들로부터 처참하게 짓밟히는 모습에서 너무나 처량하고 애절함을 느꼈다.

그래서인지 오늘따라 유난히 화려해 보이는 남산의 저 벚꽃! 너도 멀지 않아 지난해 모습을 재연할 거라 생각하니 서글픈 마음이 앞선다. 또한 그렇게 생각하고 있는 나 자신도 언젠가 같은 길을 가지 않을까 싶어 더욱 서글퍼진다. 그러나 꽃잎이 떨어져야만 열매를 맺을 수 있기에 우리는 늘 희망을 잃지 않고 살고 있다.

자연과 인간의 진화

대대로 내려온 고향은 고목과 같다. 그곳엔 오래된 조상의 흔적이 있고 뿌리가 있기 때문이다. 사람이라면 한 번쯤 자기의 뿌리를 다듬어 자랑한 적이 있을 것이다.

사람들은 종종 '우리 집안 윗대 어른 중에 훌륭한 분은 누구누구이다. 대체로 어떤 성품을 지닌 분이며 어떤 벼슬과 업적이 있다.'라고 지금까지도 자랑삼아 떠벌이며 다니는 사람을 흔히 볼 수 있다. 이것은 순수한 혈통주의를 말한다.

이와는 달리 기후풍토에 따라서도 서서히 변하여 서로가 닮아 간다는 사실도 우리는 알 수 있을 것이다.

어느 군에선 영재들이 많이 나왔고, 어느 지역에서는 미인들이 많이 나왔고, 어느 지역에서는 훌륭한 예술가 나왔고, 어디서는 재벌이 많이 나왔으며, 또 다른 지역에는 판검사나 국회의원이 많이 나왔다는 것을 알 수 있다.

속설에 이곳은 명당이라서 대통령이 탄생되었고, 여기는 산세가 좋아 장수자가 많이 나왔으며, 그 반대로 어떤 곳은 인물이 나지 않고 대체로 단명한 자가 많다는 말을 우리는 쉽게 듣는다.

풍수지리 전문가나 점술가가 아니더라도 통상적인 예를 따져보면 쉽게 알 수 있다. 경상도는 어떻고, 전라도는, 충청도는, 경기도는, 강원도는 그들 지역 나름대로의 특성을 지니고 저마다 각각의 장점과 단점이 있음은 물론이고 각도의 말씨부터 다소 차이가 있다.

크게 보면 아세아는 주로 황색인종, 유럽에는 백색인종, 아프리카는 흑색인종이 연고되어 있고, 지구와 해, 달과 별들의 특성이 각기 다르다는 것도 익히 들어왔다.

오랫동안 각각 다르게 나타나는 내심이나 외형이 어디에 기인한다고 보는지는 각자의 견해에 따라 다소 차이는 있을 수 있을 것이다. 그러나 큰 틀에서 본다면 일치하는 공통점을 많이 찾을 수 있다.

공직생활 중 잠깐 지리산 밑 경상도 어느 마을에서 지낸 적이 있었다. 이때 그곳 사람들에서 느낀 바는, 그곳의 남자들은 대부분 체구도 좋고 콧날이 오뚝한 미남들이 많다는 것을, 여자들은 반대로 얼굴과 체구는 적지만 생활력이 강하고 진취적인 습성이 몸에 베여 있었다.

내가 태어난 고향을 살펴보면 큰 하천(河川)을 사이에 두고 한쪽은 '고헌산'이란 높고 유한 산이 있고, 또 다른 한쪽은 '간월산'이란 높고 가파른 산이 있다. 유한 산 쪽 사람은 대개 성격이 유한 사람이, 가파른 산쪽은 성격이 대쪽 같은 사람이 많아 무슨 시합이 있을 때마다 늘 유한 쪽 사람이 졌다고 전해져온다.

만약 경상도에 소수의 충청도 사람들이 이주하여 집단부락을 이루고 있다고 가정하면, 당장 언어나 행동 그리고 생활습성이 경상도를 닮을 수는 없을 것이다. 이와는 달리 충청도 사람 중 개개인이 경상도 여러 곳으로 이주하여 각자 경상도 사람 숲에서 산다면 비교적 짧은 기간에 경상도 사람으로 동화되어 간다는 사실이다.

특히 바닷가 사람들은 어떻고, 산골 사람은 어떻고, 평야지대 사람은 어떠하더라는 말을 우리는 많이 듣는다. 이것은 기후풍토와 그곳 사람들의 생활환경에 기인한 것이 아니라고 우기지는 못 할 것이다.

위 사실들을 미루어 본다면 이 모든 변화과정에서 가장 큰 몫을 하고 있는 것은 사람보다 그 지역의 산세와 물의 흐름, 기후조건이나 지질과 토양, 그리고 자연환경에 따라 달라진다는 것이다. 특히 성격이나 외모 등이 지역에 따라 오랜 세월을 거치면서 아주 천천히 서로 닮아간다.

짧은 생각일지는 몰라도 그래서 사람들은 자연에 순응하며 살고 있다 다시 말하면 자연은 인간에게 내면과 외면을 스스로 깨우쳐 살아가기에 알맞게 길을 열어 준다.

따라서 아무리 황폐한 지역이라도 환경개선에 심혈을 기우려 아름다고 울창한 숲과 맑고 깨끗한 물을 만든다면 그게 바로 금수강산 일 것이다. 그래서 우리의 후손들은 훌륭한 사람이 되고, 사회는 밝고 명랑하여 살기 좋은 나라가 될 것이라 믿는다.

화절령

정선 사북에서 영월 직동으로 가는 고갯길이 있다.

고갯길은 해발 1,000m가 넘는 '화절령'으로 일명 꽃을 꺾는 재라고 하여'꽃 꺾기 재'라고 부르기도 한다. 이곳은 탄광이 들어서기 이전에는 화전민촌이었다. 산골마을 처녀들이 이 고개를 넘나들면서 길섶에 만발한 산유화(山有花)를 꺾었다고 하여 붙여진 이름이다.

아직도 콘크리트 포장구간과 비포장 구간이 있는 산간도로로 승용차가 넘어 다니기는 어렵다. 동으로는 '강원랜드' 하이 원 스키장 콘도라가 돌아가는 백운산과 서로는 장수(長壽)목인 삼형제주목의 고향으로 이름난 '두리봉'이 높이 솟아있다. 두 산 모두 해발 1,400m가 넘는 태산으로 이름을 닮아 웅장하고 섬세함을 과시한다. 두 산 준령(峻嶺)으로 임도가 뚫려 사실상 '화절령'은 차가 다니는 사거리인 셈이다.

아직도 이 부근 일대에는 한때 무연탄을 캐던 탄광흔적으로 폐석더미와 무너진 갱구를 쉽게 볼 수 있다. 탄광이 잘 돌아가던 1970년 초반에는 전국 각지의 젊은이들이 먹고 살기위하여 이 높고 험난한 고개 좌우로 옹기종기 모여 제법 큰 촌락을 이루었다.

집이라고는 시멘트 블록을 쌓고 지붕으로 슬레이트 또는 함석을 덮은 것이 전부였다. 도시의 달동네 보다 더 초라한 집들이었다. 여기서도 자식들이 태어나고 초등학교가 생겨서 많은 인재들이 배출되었다. 학교는 폐광과 동시에 문을 닫아 없어지고 지금은 정문이 있던 곳에 새까만 작은 비석 하나가 전성기의 흔적을 말 해주고 있다.

세월이 점점 좋아 지다 보니 이 '화절령' 아래턱에 '강원랜드' 카지노가 들어서고 백운산에는 하이원 리조트의 스키장이 생겨나고 북쪽으로는 골프장까지 들어서서 탄광을 대신하여 관광지로 힘차게 재도약을 맞이하고 있다. 또한 처녀치마 길, 바람꽃 길, 산철쭉 길, 하늘마중길이란 하이킹코스가 만들어져 있어 전국에서 청춘남녀와 등산객들이 모여들어 사랑과 건강을 함께 다지고 간다.

청명 한식이나 명절에는 여기에 뼈를 묻은 광원들의 자손들이 부모님 산소에 왔다가면서 그 옛날을 회상하고 아쉬움을 달래기도 한다.

나는 퇴직을 하고 이곳 '화절령' 바로 아래편에 있는 탄광 폐석적치장 부지중 평탄지에 10년 넘게 표고 재배를 하였다. 전체 면적이 3000평이나 되었으며 재를 넘기 직전 사북 쪽의 양지이다. 이름 있는 지관이 보고가면서 "이곳이 호랑이 아가리 형국이라 터가 참 좋다."고 감탄사를 연발하였다. 여기에다 표고 재배 하우스 1동을 짓고, 컨테이너 2개를 가져다 놓아 임시 숙소와 창고로 사용하였다.

물은 호수를 이용하여 영 넘어 영월 쪽의 물을 끌어 오기도 하고 직접 빗물을 받아 탱크에 모아쓰기도 하였다. 전기가 들어오지 않아 발전기와 충전용 배터리로 불을 밝혔다. 그러고 나니 훌륭한 산장 겸 농장이 되어 여름철에는 서울에 있는 애들이 와서 며칠씩 묵어갔다.

한땐 표고자목을 싣고 오르던 차가 힘이 부쳐 자목을 중간에 하차하여 어려움을 겪은 적도 있었다. 종균을 넣을 때는 인력이 없어 인근 태백 등지에서 일꾼들을 모셔왔으나 고산지대라 늦게 와서 일찍 돌아가는 밑진 장사도 하였다.

그럴수록 우리 부부는 힘을 합쳐 막노동판에 뛰어든 것처럼 표고자목 뒤집기, 물주기, 망치로 치기를 하면서 재배에 열정을 쏟아 부었다. 그리하여 이른 봄에서 늦은 가을까지 많은 날을 여기서 산과 하늘, 나무와 풀을 상대로 지냈다.

'공든 탑이 무너지지 않는다.'는 속담과 같이 그 결과는 갓이 두껍고 살이 깊은 양질의 표고가 돋아 커가는 모습을 보면서 그때는 세월 가는 줄을 몰랐다. 열흘에 한 번 정도 살이 통통한 멋진 표고를 따서 갤로퍼에 싣고 강릉으로 돌아와 지인과 이웃들에게 나누어 주기도 하고 팔기도 하였는데 한 번 먹어본 분들은 값을 더 쳐주고 사갔다.

나이 이기는 장사 없다고 하듯이 나이를 먹을수록 기운이 떨어지고 잔꾀가 늘어나 그 짓도 몇 해 전 그만 접었다. 강산이 변한다는 세월을 그곳을 드나들면서 또 다른 삶의 일면을 배웠다. 그것은 아름다운 자연이 내게 보내 준 건강이었다.

TV에서 어느 신경과 의사가 "건강하게 살려면 원시인처럼 살아라." 하는 말이 새삼 기억난다. 요즘 들어서 두고 온 정든 '화절령'이 고향처럼 몹시 아쉬워져 눈앞에 자주 아른거린다. 그리고 아내도 한번 가보자고 채근을 한다.

화절령의 봄

봄이 왔다. 야산에는 진달래도 피고 산새도 운다.

갤로퍼에 식자재와 옷가지를 챙겨 아내를 태우고 사북 '화절령'으로 향한다. 어차피 벌려놓은 표고 밭이라 일찌감치 올라가 오는 봄을 마중하겠다는 심사다. 봄은 영을 올라오다가 숨이 차서 잠깐 쉬는지 느낌만 약간 풍길 뿐이다.

겨울 내 닫혔던 출입차단막을 열고 제비가 옛집을 찾듯이 가져간 짐을 푼다. 옷을 갈아입고 뼈만 남은 표고 하우스에 차광망을 덮는다. 가끔 돌개바람이 불어 원점으로 돌려놓기를 반복한다. 채 덜 녹은 호수 물길을 열어주고 물탱크도 손본다.

이곳에서 직접 끓인 라면으로 때우는 점심은 산해진미(山海珍味)보다 더 꿀맛이다. 아직 봄이 이른 것 같아 더 할 일이 없어 발길을 돌린다.

차를 돌리며 앞을 바라보니 여기는 봄보다 아지랑이가 한발 먼저 와 아른거린다. 멀리 하이원 리조트의 콘도라는 추운 줄도 모르고 도르르 소리를 내면서 손님을 태우고 부지런히 오르내린다.

농사준비를 하려는 농사 차량만 정선에서 영월로 가끔 왔다 갔다 하면서 뽀얀 먼지를 뿜으며 고요를 깬다. 개를 몰고 산책 나온 사람, 차를 몰고 와서 자연을 즐기는 사람도 가끔 보인다.

그럭저럭 달포가 지나서 우리는 다시 '화절령'에 오른다. 제법 나무에 움이 돋아나고 발아래 잡초는 새싹에서 서서히 풀밭을 만들어 가고 있다. 어저께 봄비가 다녀갔는지 젖은 길 옆 도랑에는 평소에 없던 맑은 물이 졸졸 흐른다. 조용하고 아늑한 산속에서 곤줄박이가 깨알 같이 혼자 소근 거린다.

영마루 사거리에는 '산불조심' 깃발이 춤을 추며 앞을 가로막는다. 참나무와 낙엽송 숲 밑에는 참두릅과 개두릅이 먹기 좋게 피고 있다. 표고밭 구역경계철조망 부근에는 옛날 광원들이 심었던 일년초가 제법 커서 잎으로 된장국을 끓였는데 천하일품이다.

큰 나무숲 아래에는 얼레지, 금낭화, 매발톱, 민들레꽃이 집단을 이루며 서로 세를 과시한다. 이산저산 구석구석에는 목련, 산 벚꽃, 백합이 파란 하늘에 뭉게구름을 그린다. 겨울잠을 깬 벌과 나비가 어울러 노래부르며 춤을 춘다.

해가 두리봉을 넘을 때면 앞산에는 달이 솟고 점점 어두움을 지우고 달빛이 깔린다. 먼 숲에서 노루들이 구성지게 울고 나면 밤은 더 깊어지고 천지는 쥐죽은 듯 고요하다. 때를 맞추어 뜬 달이 나뭇가지에 가볍게 내려앉아 미소를 짓는다.

또다시 달포가 지나 5월에 접어들었다. 제법 초록이 진해지고 봄 산다운 모습에 힘이 실린다. 어쩌다 비가 지나간 뒷날에는 숲속 여기저기에서 철쭉들이 동무삼아 무더기로 피고, 각양각색의 나무들은 저마다 독특한 옷을 걸치고 새로운 얼굴을 자랑한다. 새벽에 일어나 창문을 열어본다. 창밖에 머물던 새벽을 마시니 몸이 한결 가벼워지고 머리가 맑아진다. 앞산을 바라보니 실안개가 피어 선녀들이 바람에 하얀 날개 옷자락을 날리며 하늘을 오른다.

이산저산 골골마다 나물캐는 아낙들의 숨소리가 패거리로 몰려든다. 곤드래, 참나물, 취나물, 곰치, 더덕에 도라지를 섞어 한 보따리를 이고 내려가는 뒷모습은 지친기색이 전혀 보이지 않는다.

누구나 살아가면서 아무도 살지 않는 깊은 산속에서 연두가 초록으로 변하여 밝은 미래가 다가오는 곳에서 잠간이나마 지내보고 싶은 마음이 들 때가 있을 것이다. 그럴 때면 아주 순수한 마음으로 영을 넘는 바람처럼 그 누군가를 초대하고 싶어진다. 그리고는 이 각박한 세상의 번뇌를 잠깐이나마 내려놓고 다정하게 정담을 나누고 싶어진다.

화절령의 가을

늘 하늘 바람이 찾아와 '화절령'의 여름은 짧게 지나간다.

그래서 가을이 유독 일찍 찾아온다. 다들 가을하면 단풍을 연상한다. 단풍은 엽록소가 사라지고 안토시안이 만들어지면서 잎이 붉게 물드는 것이다. 또한 카로티노이드 성분이 만들어져 붉게, 노랗게 혹은 여러 가지 색으로 물이 든다.

붉은 단풍의 대표적인 나무는 말 할 것도 없이 단풍나무이며 그중에서도 적(赤)단풍이 으뜸이다. 반면 노란색 단풍의 으뜸은 은행나무이다. 그러나 이 '화절령'은 꽃에 못지않게 아무도 모르게 각양각색의 가을색이 일시에 찾아온다.

길섶에는 쑥부쟁이인 구절초가 아침이슬을 머금고 보랏빛 청순미를 자랑한다. 숲속 구석구석에는 금강초롱이가 자주색 등을 들고 연하게 한들거린다. 가을과 함께 익어가고 있는 풀잎도 서서히 가을 옷으로 갈아입는다.

가을은 혼자 오지 않는다. 반듯이 시원하고 짜릿한 바람을 동반하고 온다. 이곳의 가을하늘은 백운산 머리 위에서 더 높고 푸르다. 아침저녁이면 영월로 낮 농하는 농사꾼도 1년을 수확하고자 차를 몰아 험한 고갯길을 거침없이 지나친다.

산새들의 울음소리도 가을 따라 점점 구성져 빨갛게 익어간다. 어디서 찾아왔는지 황혼에 물든 고추잠자리 떼가 몰려와 나무 위를 맴돌며 정신없이 설친다. 어두움을 따라 산짐승들의 울음소리가 '두리봉' 아래 자락에서 무섭게 내려온다. 이맘때면 사람의 마음도 자연을 닮아 가을 깊숙이 향수처럼 파고든다.

가끔 등산객이 찾아와 영글어가는 가을을 붙잡아 보겠다고 발바닥에 불을 붙인다. '화절령'에 황망히 서 있는 사나이의 눈동자도 하루가 저물어갈 무렵이면 노을과 가을이 뒤섞여 엷게 얼굴을 붉힌다.

'화절령'에 가을이 오면 숨어드는 약초꾼도 많다. 이들은 두셋이 짝을 지어 앞뒤 산으로 깊숙이 숨어든다. 향이 좋다는 도라지에 더덕이며, 몸에 좋다는 작약에다, 당귀, 청궁도 캔다. 가끔씩 신경통에 특효라는 마가 목(木) 열매가 보이기도 하고, 술 해독에 좋다는 헛개나무 열매와 산청목도 보이고, 면역력에 좋다는 오갈피도 숨겼던 몸을 살며시 드러내 보인다.

'화절령'의 가을은 여름과 같이 아주 짧고 겨울만 길다.

늦은 가을이 성큼 다가선다. 바람이 점점 차가워진다. 곱게 물들었던 단풍이 낙엽 되어 혼자 떠나기 싫은지 가을바람에 떼거리로 날다가 구르다가 구석진 곳에 무더기로 뭉쳐진다.

다람쥐가 참나무 밑에 떨어진 도토리를 물고 달아나다가 나무로 올라 신나게 그네를 탄다. 저녁이며 멧돼지와 노루들도 서서히 아래로 내려와 겨울 채비를 준비한다.

단풍든 잎이 하나하나 떨어진 나뭇가지는 스스로 채찍이 되어 늦은 가을을 후려친다. 멀리 깜박거리는 하이 원 리조트의 저녁 불빛은 보는 이로 하여금 사막의 먼 주막을 연상케 한다.

이 오묘한 자연의 순리 앞에 나는 스스로 숙연해진다. 더욱이 '화절령'의 가을은 짧은 세월 동안 아주 값진 삶의 풍경화를 내게 그려주었다. 그리고 그 그림은 영원히 가슴을 떠나지 못하고 깊숙이 파고들어 자리하고 있다.

아름다운 것들

아~ 참 아름답다.

이는 보는 관점에 따라 느낌과 감동이 다를 수 있다. 보여주는 측면에서 본다면 그 대상이 자연이나 식물일 수도 있고 인간이나 동물일 수도 있을 것이다.

먼저 자연이나 식물에 대하여 알아볼까 한다.

수평선 저 멀리서 어두움을 뚫고 솟아오르는 한 점의 둥근 광체, 노을이 깔리는 까마득한 지평선상의 낙조, 나뭇가지에 걸린 고요한 만월의 여인네 그림자, 누워서보는 그믐밤 별똥별 타고 은하수 건너는 견우와 직녀, 이들은 자연이 보내는 최상의 아름다움 일 것이다.

이슬비 보내고 실안개 피는 실개천에서 낭창거리는 처녀 긴 머리 같은 능수버들, 소나기 뒤끝을 붙잡고 휘 늘어진 일곱 색깔의 아치, 푸름을 참다 참다 못해 오색을 토하는 쓸쓸한 가을 산, 색을 지워버리고 오로지 순수순백의 겨울 나그네, 이들은 계절의 아름다움이다.

영변약산에 만발한 분홍의 조용한 반란, 봄 처녀 치마 끝을 붙잡고 열정을 뿜어내는 철쭉, 분홍을 담아내는 과수원집 토라진 도화여, 달빛에 취하여 야릇한 미소를 흘리는 이화(梨花), 바람 따라 왔다가 구름 따라 가버린 청춘을 닮은 벚꽃, 울타리에 얽기고 설긴 덩굴로 핀 사랑의 폭풍, 나비와 벌들이 가무를 즐기는 제주도의 이른 봄 풍경, 빨갛게 멍이 던 동백섬의 동백아기씨, 이들은 무더기로 핀 꽃의 아름다움이다.

다음은 동물과 인간에 얽힌 아름다움을 말할까 한다.

푸른 초원의 오후를 즐기는 양떼, 어름판 위에 스키 타는 펭귄떼거리, 어항 속의 찬란한 금붕어, 꽃에 내려앉는 나비, 양달에서 실눈 뜨고 꿈꾸는 고양이, 송아지와 망아지 그 옆에 열리는 강아지와 병아리의 재롱잔치, 이것들은 아름다운 동물의 세상이다.

두 남자가 길을 가다가 스쳐가는 한 여자를 본다. 한 남자가 "아~ 참 잘 생겼다!, 예쁘다!, 참으로 아름답다!"라고 감탄사를 연발한다면 이는 '제 눈에 안경'이요, 또 다른 한 남자는 "별 볼일 없네."라고 말한다면, 이는 마음에 들지 않는다는 뜻으로 사람이 사람을 보는 관점의 차이라 할 것이다.

어떤 미인선발대회에서 심사위원들이 선발한 미인이 있다면 이는 동양의 '양귀비'나, 서양의 '클레오파트라'처럼 보편적으로 아름답다는 표현이 될 것이다. 그러나 선발기준이 있다면 그것은 보는 이의 눈에 있는 것이 아니고 얼굴에 잣대를 들이대야 할 것이다.

미인선발대회에서 미인선발기준은 외모를 물론 보겠지만 그보다 한발 앞서 인간의 내면의 깊이를 보아야 할 것이다. 그러면 눈에 보이지 않는 내면을 어떻게 심사 할 것인가에 초점이 맞추어져야 마땅할 것이다.

사람 안에 들어 가 볼 수도 없고, 더욱이 내면이라는 것에는 개개인의 마음과 생각, 성품과 덕망, 지식과 지성이 내재되어 있을 것이다. 또 자기를 표현하는 방법과 그에 따른 기술 있어야 하고, 심사위원들의 마음을 움직일 수 있는 재능이 갖추어져야 할 것이다.

사람을 심사하는데 외면과 내면으로 분류한다면 '당신은 이 두 가지 중 어느 것을 택하겠습니까?'라고 묻는다면 나로서는 당연히 후자를 택하고 싶습니다. 왜 그런가하면 그 이유는 간단하다. 그것은 곧'살아 봐드니 알겠더라.'라는 것이다. 다시 말하면 젊었을 때는 외모를 중시할 수도 있겠지만 늙어서 죽을 때가 다 되었는데도 그 놈에 얼굴과 몸매가 무슨 소용이 있겠습니까. 설사 그렇다 하더라도 봐주는 상대가 누구인가에 따라 달라 질 것이다.

다시 말하면 가장 아름다운 것은 역시 인간내면의 세계일 것이다. 누룽지 같이 구수한 마음씨, 은은히 풍기는 인품과 덕망, 어머니 마음을 닮은 인자함, 때론 텁텁한 막걸리 같은 편안함을 주어야 할 것이다.

눈으로 보는 아름다움보다 귀로 듣는 아름다움, 피부로 느끼는 아름다움, 꿀 같이 달콤한 아름다움, 눈을 감으면 늘 따뜻한 손길이 가슴에 와 닿는 그런 것이 진정한 아름다움 일 것이라 생각한다.

천년지기

변함없는 오랜 친구를 두고 백년지기(百年知己)라고들 한다.

이보다 열배 더 친하고 변함없이 더 오래 동안 허물없는 친구라면 천년지기(千年知己)란 표현도 무방할 것이다.

인간의 수명은 한계가 있다. 전설적이나마 구소련 '바르자흐'촌의 '무솔리모프'란 양치기는 무려 168세까지 살았다는 말이 전해지고 있다. 그런 사람을 두고 '천년지기'라는 말이 통할 법도 하다. 그러나 우리 인간에게 어울리는 것은 '천년지기'보다 '백년지기'가 맞지 않을까 싶다.

동물이나 식물의 세계는 좀 다르다고 생각된다.

먼저 동물에 있어서 천수를 누린다고 하여 학이나 거북을 베개 머리에다 수를 놓거나 다양한 방법으로 증표를 만들기도 한다.

식물은 더 좀 다르다. 특히 나무에는 천년을 지나서 앞으로는 만년지기도 나올 수도 있지 않을까 싶다.

지구상에서 가장 오래된 나무를 찾아보니 미국 캘리포니아 강털 소나무 '브리스톨 콘 파인스'로 무려 4,845년이나 되었다고 한다. 그래서 특별히 '므두셀라(Methuselah)'란 이름까지 가지고 있다고 한다.

우리나라에서는 어떠할까?

천연기념물로 지정한 순서는 대략 다음과 같다.

첫 번째가 정선군 백운산 '두리봉' 자락, 해발 1,300m에 자생하고 있는 잘 생긴 천연기념물 제433호 삼형제 주목으로 맏형이 1,400년, 둘째가 1,300년, 막내가1,1000살이나 된다.

두 번째는 영월군 하송리에 있는 천연기념물 제73호 은행나무로 수령이 1,300년이나 된다고 한다.

세 번째가 신라 마이태자가 심었다는 동양에서 가장 크다는 유명한 양평 운문사 은행나무로 1,100년이다.

그 외에도 천연기념물 제95호 삼척 도계의 1,000년 된 느티나무도 있고, 수령 1,200~1,400으로 추정하는 기장군 장안에 있는 느티나무도 있다.

나무의 수령은 과학적으로 나무에 구멍을 뚫어 나이테로 측정하나 대부분 오래된 나무는 속이 비였거나 섞어서 측정이 불가능하다. 그래서 고사의 기록이나 전설 또는 정황적인 추측으로 많이 정해진다.

이렇게 본다면 우리나라 나무들 중 천년을 넘긴 것은 대충 세 종류로 수십 본에 국한되며, 이들 서로 간은 말 그대로 천년지기라고 할 수 있을 것이다.

여기서도 수피와 재질이 붉은 주목은 살아 천년 죽어 천년을 썩지 않는다고 하니 대표적인 '천년지기'라 할 수 있다.

1970년대 초반 태백에서 근무 할 때 함백산 일원을 담당한 적이 있다. 그 당시 산정에 오르는 길은 군과 경찰이 통신망 시설을 해놓고 오르내리던 험한 산길밖에 없었다. 그러나 지금은 국가대표 선수들의 고지 훈련장에, 태백 오토리조드 스키장 및 숙박시설이 있어 2차선 포장도로에 아주 훌륭한 관광지 역할까지 하고 있다.

하루는 '함백산 일대의 주목이 도벌꾼들에 의하여 수난을 당하고 있다.'는 중앙지 신문에 대문짝만한 기사가 실렸다. 위로부터 줄줄이 "지금 무엇하고 있는가. 사실 확인 후 즉시 상황보고하고 담당자를 문책 하라."는 전화가 빗발 쳤다.

다음날 새벽같이 나를 위시하여 직원 5명이 도시락을 차고 하루 종일 산속을 헤매다보니 만신창이가 되었다. 그날 발견한 도벌된 주목은 보기 좋게 생기고 아직 속이 썩지 않는 5~6본을 골라서 베고는 그 가운데 토막만 가져갔다. 차도와의 거리와 경사도 등 산세로 보아 토막으로 잘라서 등짐으로 운반한 것 같았다.

도벌꾼을 잡으면 담당자의 처벌이 가벼워진다. 먼저 철망을 쳐 접근금지라고 표시한 산정에 있는 초소의 소행이 아니면 그들은 정황을 알 수 있을 것이라 믿었다. 그래서 접근코자 하였으나 공포탄을 쏘며 위협하는 바람에 어쩔 수 없이 물러났다.

다음날부터 톱과 낫 그리고 수산화나트륨(양잿물)을 가지고 올라갔다. 3일 동안 현장에서 가지는 잘라서 자른 단면에 붓으로 수산화나트륨을 발라 오래된 것처럼 검게 타게 만들어 분산 은폐시켰다. 그리고 뿌리단면도 역시 검게 만들어 오래전 벌목된 것 같이 보이게 만들었다. 그다음 한 그루만 도벌된 것으로 우선 보고하여 큰 화는 일단 면했다.

그러나 그것이 찜찜하고 마음에 걸려서 도벌꾼을 잡고자 근 1년 동안 수시로 그곳을 드나들었으나 헛수고만 했다. 일반적으로 소나무는 잘라서 한 해가 지나면 잎이 말라 떨어진다. 주목은 2~3년이 지나야만 잎이 말라 떨어지고 가지나 밑 둥은 수백 년이 가도 그대로다.

몇 년이 지나서 태백을 떠날 무렵에 범인은 잡혔고 정확한 도벌 피해상황을 정정보고 하였다. 알고 보니 경북의 외지인이 바둑판 깜을 얻기 위하여 저지른 일이었다.

그 뒤 살아있는 주목들은 매본 마다 고유번호가 붙여지고 수령, 특징 등이 사진과 함께 수목대장에 기록되었다. 이미 나와는 '천년지기' 이상의 인연이 맺어진 생명을 무참히 희생시킨 그들의 저주가 오래오래 남아있어 지금도 가끔 기억이 난다.

고로쇠나무

한낮에는 제법 포근한 날씨가 두터운 외투를 벗긴다. 높은 산기슭에는 중늙은이 머리처럼 아직 잔설이 골골마다 희끗희끗하게 남아있다. 겨울물은 얼다 녹다를 반복하고 버들강아지는 끝가지마다 솜털 같은 보드라운 속눈을 틔운다.

새해를 맞은 첫 달이 눈 깜작할 사이에 지나친다.

2월의 문턱에 들어서는 즈음에 태산자락을 멀리서 바라보면 엷은 회색을 이루는 산중턱을 간혹 볼 수 있다. 그곳이 바로 고로쇠나무의 군락을 이루는 서식지이다.

잎이 떨어지고 키와 몸통이 큰 활엽수로 전국에 골고루 분포되어있다. 남쪽으로 한라산, 지리산, 무등산, 가지산, 덕유산 중부지방에서는 계룡산, 오대산, 설악산 등 주로 태산자락에 많이 자생한다. 특히 그중에서도 지리산에 가장 많은 군락지가 있다.

고로쇠 하면 제일 먼저 수액이 생각난다.

수액을 채취하여 음료삼아 마시기도 하고, 밥을 짓거나 닭백숙 또는 돼지고기 수육을 삶을 때 많이 사용하여 왔다. 여기에는 철분, 마그네슘, 칼슘, 칼륨과 미네랄 같은 희소한 영양소가 많이 들어 있다. 따라서 이뇨작용, 변비예방, 피부미용, 숙취해소, 위장병과 폐질환의 개선, 관절염, 골다공증, 그 외에도 감기와 각종 질병의 예방과 치료에 아주 좋다고들 한다.

기온과 강수량, 주변여건에 따라 채취 시기는 다소 차이가 있다. 보통 2월 초에서 3월 초까지 약 한 달가량이 적기이다. 따라서 이때 강수량이 많고 일교차가 클수록 수액이 많이 나온다.

나무하단부에 지름 1.2cm, 깊이1.5cm가 되는 구멍을 나무의 두레에 따라 적당히 뚫어서 고무로 된 유수기를 끼워 호수에 연결하고 흘러내리는 수액을 집수하는 통에 받으면 된다.

소규모 개별적 채취는 나무마다 플라스틱병 또는 통으로 직접 받기도 하지만 군락지는 대부분 호소로 연결처리 한다. 나무와 나무 사이를 사람의 핏줄처럼 연결하여 심장으로 피가 들어가듯 맨 아래 있는 집수 통에 모두 모이게 한다.

수액은 나무 생명의 원천인 뿌리에서 수분과 영양분을 수관가 체관을 통해 가지와 잎으로 올라가는 핏줄과 같은 통로에다 구멍을 뚫어 사람으로 치면 피를 뽑은 것이다.

지리산은 경상도와 전라도에 걸쳐있는 가장 무직한 태산이다. 오래전

서부 경남에 있는 산림관서에 근무하면서 지리산을 관리한 적이 있었다. 그때 고로쇠수액을 강릉으로 가져와 직원들과 나누어 먹었다. 그 당시만 해도 강릉에서는 고로쇠수액이 그리 잘 알려지지 않았다. 그러나 한번 맛본 사람들은 중독이 되어 모두 수액을 찾게 되었다. 그래서 그런지는 몰라도 지금은 강원도 여러 곳에서 지리산에 버금가는 수액을 채취하여 짭짤한 재미를 보고 있다.

단맛에 시원함까지 더한 천하일품의 음료이다. 많이 먹어도 곧바로 소변으로 배출됨에 따라 애주가는 술 한 모금, 수액 한 모금 병아리 물 먹듯 마셨다. 남녀노소 모두가 좋아하여 가족단위로 찜질방에 가지고 가서 마음 껕 마시고 땀을 뺀다. 그렇고 나면 쌓였던 노폐물이 깔끔히 청소되어 몸도 마음도 개운한다.

수액을 채취하는 나무로는 고로쇠, 자작, 다래, 박달, 가래, 층층, 사스래, 대나무, 단풍나무 등이 있다. 그러나 그중에서는 단연 고로쇠가 임금의 자리에 올라 사랑을 독차지하고 있다.

고로쇠는 수액 외에도 목질과 무늬가 좋아서 목재로도 많이 사용한다. 주로 운동기구, 가구, 악기, 장식용품 등을 만든다. 또한 가을이며 단풍나무와 함께 단풍이 아름답게 물들어 멋진 풍경을 만들어 주고, 여름철에는 시원한 그늘을 제공하고 있어 공원수나 조경수로도 안성맞춤이다.

한마디로 말해 팔방미인 셈이다. 우리에게는 없어서는 안 될 귀중한 보물이며 넉넉한 재산이다. 나는 그런 고로쇠에 미쳐서 한때는 전국 산을 헤매고 다니며 멋과 맛을 찾기도 하였다.

그는 생명력이 강하고 특히 습기가 많은 양지에서 잘 자라는 습성이 있다. 만인의 보약 같은 존재, 대중의 인기를 먹고사는 '이승엽'의 홈런 방망이, 가을의 전령사 단풍나무와 이복형제인 고로쇠는 우리에게 사막의 오아시스 같은 가치를 지니고 있다.

부엌에는 큰솥과 작은 솥이 있고,
식기 등을 놓는 채반과 반찬을 넣는 찬장이 있고,
땔 나무를 쌓아 두는 곳도 따로 있었다.
벽면과 천정은 모두 까맣게 그을려 까마귀는 저리가라 할 정도다.
여기까지는 아직도 어머니와 누나의 손 때가 얼룩져
야릇은 향수(鄕愁)를 풍긴다.

2부

고향에 머문 마음

고향 집

가을이다. 여름 내내 가꾼 곡식들이 풍성하게 결실을 맺는다. 들판에는 누렇게 익어가는 벼이삭이 바람결에 출렁이며 고향 찾는 나를 반긴다.

이런 들판 한가운데 다섯 집이 동그랗게 모여 살았다. 이곳에서 나는 태어나서 자랐다. 우리 집과 조금 떨어져 본 마을이 있고, 80여 가구가 옹기종기 모여 보기 좋게 이웃하고 살았다. 오씨, 최씨, 정씨가 집성촌을 이루는 곳이기도 하다.

본 마을 사람들은 내가 살았던 곳을 '불메등'이라 불렀다.

'불-메'란 풀무 또는 풍구를 말한다. 옛날 노인들이 귀여운 손자의 겨드랑이에 손을 넣어 치켜세우고 '불~메 불~메 불~메야!'하면서 좌우로 흔들어 걸음마를 시키기는 것과 같다는 뜻이다. 마치 풍구의 등 같이 생겼다고 그렇게 불렀던 것이다.

'불메등'은 나를 태어나게 하고 육체와 정신을 길러준 어머니 품속 같은 곳이다. 삼대독자에서 처음으로 아들로 태어나 부모와 친척 그리고 이웃들로부터 크나큰 축복을 받은 나이다.

하늘이 도왔는지 그 후 줄줄이 남동생만 태아나 무려 6형제나 된다. 그래서 어릴 때는 보리밥은 말할 것도 없고 까슬까슬한 조밥이나 밀기울밥을 먹기도 하였다. 어떤 때는 그것도 없어 밀가루 시래기죽으로 끼니를 때운 적도 있었다.

아버지는 마을의 궂은일을 도맡아 하셨다. 어머니 역시 밤 낮없이 일을 해야만 가족의 끼니를 이을 수 있었다. 목구멍에 때 벗기는 일은 친척집이나 동네 큰일이 아니면 상상도 못했다.

어려서부터 아버지를 따라 일을 해야만 하였다. 겨울에는 주로 땔 나무를 해야 했고, 봄부터 가을까지는 농사일을 도와야 했다. 소꼴도 베고, 논밭에 김도 메고, 힘이 미치는데 까지 일을 하였다.

당시 어린이들은 공부를 많이 하여 훌륭한 사람이 되어 잘 먹고 잘사는 것이 가장 큰 희망이었다. 그러나 학교에 다니고부터는 집에 오면 책보따리를 팽개치고 일터로 나가야만 했다.

여름이면 마당에는 모깃불이 피워지고 이웃집 아주머니들이 모여서 이야기꽃을 피우며 길쌈을 하였다. 가을이면 수확한 볏단으로 팽이를 뒤집어 놓은 것처럼 쌓은 볏가리가 여러 개 쌓여진다. 진종일 탈곡기를 밟아서 벼 타작을 한다. 알곡이 왕릉처럼 클 때 가족 모두 가장 행복한 때이다. 이렇게 깊고 아린 사연이 담긴 곳이 바로 세상에 하나밖에 없는 유일한 고향 집이다.

원래 초가집 한 채뿐 이였는데 살면서 사랑채도 지어 모두 기와집으로 바꾸었다. 솔가지 울타리 대신 흙돌담이 쌓아지고, 사립문도 지붕 없는 파란 철대문이 대신하였다.

앞마당에는 감나무 한 그루가 있고, 뒤뜰에는 자그만 한 채마전과 감나무 두 그루가 있었는데, 그들은 아직도 빈집을 지키고 섰다. 우리 집 큰 채에는 실근과 아랫목이 있는 큰방이 있고, 호롱불 밑에서 공부하던 작은방도 있다. 골방과 마루 그리고 부엌도 있다. 골방에는 쌀, 보리쌀, 밀. 콩 등 알곡을 넣어 둔 여러 개의 작고 큰 독도 있었다.

부엌에는 큰솥과 작은 솥이 있고, 식기 등을 놓는 채반과 반찬을 넣는 찬장이 있고, 땔 나무를 쌓아 두는 곳도 따로 있었다. 벽면과 천정은 모두 까맣게 그을려 까마귀는 저리가라 할 정도다. 여기까지는 아직도 어머니와 누나의 손 때가 얼룩져 얄궂은 향수를 풍긴다.

사랑채는 아버지가 손님을 맞는 사랑방이 있고, 주로 알곡만 저장해 두는 곳간도 있다. 늘 어미 소와 송아지가 같이 살던 마구간도 있고 옆에는 헛간도 있었다. 헛간 옆에는 변소(화장실)도 있고, 쟁기와 쓰래, 지게와 삽 등 갖가지 농기구를 두는 곳도 있었다. 여기까지는 아버지의 영혼이 살아 숨 쉬는 추억의 공간이다.

20여 년 전에 부모님은 다 돌아가셨다. 부업으로 농사짓는 고향 막내 동생이 농사철에만 잠깐씩 들린다. 자주 관리를 못하다보니 빈 고향집은 잡초와 함께 오로지 세월을 지키기 위하여 버티고 있을 뿐이다.

일 년에 한두 번 벌초나 집안 길흉사가 있어 들리면, 이웃 빈집과 함께 옛 주인을 알아보는 눈빛에서 진한 향수를 느낀다.

나는 홀로 과거를 불러다 놓고 꿈속에서 고향의 골목길을 걷는다, 초라하게 명상에 젖은 마음을 조용히 달래본다. 과거는 현재만을 남기고 무심코 고향 집을 지나친다.

향수의 외갓집

누구나 태(胎) 버린 곳은 있다. 자기를 태어나게 해주신 부모님도 당연히 있다. 여기서 어머니를 태어나게 해주신 분을 외조부와 외조모가 된다. 그분들이 살고 계시는 곳은 늘 그리운 추억들이 숨겨져 있고, 그곳에 가면 늘 사랑이 넘치고 마음이 편안해 진다. 우리는 그곳을 두고 외갓집이라 부른다.

외갓집 뒤로는 봄이면 진달래가 만발하여 '화장산'이란 산이 있고 앞은 '관정들'이란 넓은 들판이 있다. 명산줄기를 타고 전설 따라 내려온 왕릉이 있다 하여 부쳐진 '능곡'이란 작고 아담한 마을이 나의 외갓집이 있던 곳이다.

봄이면 복숭아꽃 살구꽃 아기 진달래가 활짝 핀 꽃 대궐에 앞에는 아지랑이가 아롱거리고 나면 때맞추어 보슬비가 내리고 아낙의 고무신에는 얼룩이 새겨진다. 여름이면 구멍 뚫린 반도가 개천바닥을 훑어 재미와 웃음을 끌어 올리고, 서낭당 그늘에서 수박과 참외가 달콤한 정을 나누어 가진다. 가을이면 앞마당 감나무에 감이 주렁주렁 열려 추풍(秋風)에 그네를 타고, 관정들 황금물결이 노을에 부딪쳐 주황으로 곱게 물들고, 구판장 구석에는 내기 장기에 술판이 벌어진다.

읍내에서 외갓집을 지나 십리 정도 들판과 산모퉁이를 돌아서 '못안(池內)' 마을이 나의 고향이다. 이곳도 이제는 울산~밀양 간 4차선 포장도로가 생겨나서 도시와 다름없이 지도를 바꾸어 놓았다.

나는 친가로 쳐서 삼대독자 외줄타기 끝에 매달려 장손으로 태어났고, 외가로 치면 어머니가 딸 맏이인 관계로 귀하디귀한 첫 외손자인 셈이다. 그래서인지 몰라도 어릴 때부터 어머니 손을 잡고 외갓집에 자주오르내리며 외할아버지와 외할머니 그리고 외삼촌들과 이모들의 사랑을 독차지하였다.

외할아버지는 긴 담뱃대에 엽초를 비벼 불을 붙여 무시고 "종이 오느냐. 어서 오너라."하시며 장 속에 감추어 두었던 엿이랑 곶감을 내 앞에 잔뜩 내 놓으시곤 하셨다. 그리고 외할머니는 내 손을 만지며 우리 모자를 대문까지 마중하기도 하셨다. 특히 큰 외삼촌은 얼큰하게 취하여 내 손을 붙잡고 놓지 않으셨다.

'가는 세월 그 누가 막을 소냐.' 세월의 수레는 말 그대로 돌고 돌아 내가 벌써 그때 그 외할아버지 외할머니보다 나이가 훨씬 더 많다. 그렇다 보니 세월의 무상함에 절로 서글퍼지고 옛날이 자꾸 가물가물 해진다. 그렇게도 사랑하시던 그분들이 오래전 모두 세상을 뜨고 오막살이 같이 변한 외갓집에는 큰 외숙모님 혼자 사시다 요양병원으로 가셨다고 전해 들었다.

고향을 떠나 이곳 강원도로 온지도 벌써 반세기가 훌쩍 넘은 것 같구나. 아버지께서 모시던 조상 제사를 내 집으로 모셔온 지도 벌써 20년이 족히 지났다. 그래서 그런지 자연히 고향생각은 점점 아리고 안타까우나 자주 가지 못하여 마음이 편치 않다. 일 년에 한두 번 정도로 조상 산소에 벌초하러 가거나 집안에 길흉사가 있을 때 가는 것이 고작인지라 늘 향수(鄕愁)를 품고 산다.

몇 해 전 외갓집 뒤 화장산에서 대형 산불이 발생하였다. 다행히도 가옥이나 인명의 피해는 없었다. 이곳 사람들은 그 다음해부터 부지런히 숯검정을 뒤집어쓰고 다시 나무를 심어 해가 갈수록 산은 제 모습을 찾아가는 중이다.

얼마 전 나는 우연히 고향을 지나치게 되었다. 차창 밖으로 보였던 외갓집은 온데간데없고 '○○○지구 ○○아파트 단지'라는 간판과 현수막만 보였다. 화장산 일부와 외갓집 마을, 그리고 농경지 일부를 중장비로 마구 파헤쳐 본래의 모습은 어디론가 사라져 버렸다.

이날따라 유독 그 옛날 외갓집을 드나들던 추억들이 새록새록 되살아난다. 그러다가도 머릿속에 깊이 박혀있던 추억 하나하나가 점점 멀어진다고 생각하니 괜히 우울하고 서글퍼진다. 옛날 나를 반기던 외할아버지 외할머니 그리고 큰외삼촌이 차례로 뇌리를 스쳐 지나간다. 생시에 늘

"春草는 年年 綠이요, 王水는 歸 不歸이라." 하시던 작은 외삼촌의 말씀이 새삼 가슴에 다가온다. 외갓집 주변 본래의 모습이 이미 한 폭의 그림으로 그려져 내 머릿속의 사각액자에 고스란히 담겨진다.

때를 같이하여 몸도 마음도 늙어가는 월남실향민과 수몰지구나 개발로부터 고향이 없어진 사람들이 낡은 사진 한 장을 가슴에 품고 있는 까닭을 이제 조금이나마 이해 할 것 같다.

액자 속 가을

풍성한 가을을 그린 그림 한 점이 거실 정면에서 나를 반긴다.

인생의 한창 시절, 강릉과 울진으로 왔다 갔다 하는 주말부부가 되어 토요일이면 어김없이 강릉으로 올라왔다. 직장동료이자 친구를 태우고 함께 오르내렸다.

그 친구는 조수석에 앉아서 늘 "운전 똑바로 해!"하고 소리쳤다. 내가 좀 운전을 느슨하게 배운 탓에 중앙선 침범을 밥 먹듯이 하였으니 말이다. 어느 때는 "그럼 운전 좀 해 봐!" 하면서 갓길에 슬며시 차를 세우고 내려서 큰소리친다. 이유는 간단하다. 그 친구는 그때까지 운전면허가 없었기 때문이다.

어느 가을 날, 강릉으로 올라오는 길가의 간이 휴게소에서 잠간 차를 세우고 휴식을 취할 때였다. 그때 휴게소 한구석에서 금태 안경을 눌러

쓴 노신사 한 분이 그림을 늘어놓고 바람에 날리지 않게 돌로 연신 눌리고 있었다. 아마도 자기의 그림인 것 같아 보였다. 친구는 그림을 유심히 살펴보더니 그중 두 점을 골라서 샀다. 그리고 비싸게 준 그림은 자기가 갖고 그저 막 그려 코팅한 싸구려 한 점을 내게 준다. 아마도 일년 가까이 운전 잘하라고 충고한데 대한 미안한 마음이 발동하여 준 것이 아닌가 싶다.

보통 상식으로는 무엇이던 남 줄때는 욕 안 먹기 위하여 둘 중 좋은 것을 주기 마련이다. 그래서 나도 별 대수롭지 않게 생각하고 벽장 뒤에서 먼지나 뒤 짊어 쓰라고 처박아두었다. 그로부터 몇 해가 지나서 도배를 한다고 벽장을 치우다가 우연히 그 그림을 다시 만나게 되었다.

먼지를 털고 자세히 들려다 보니 괜찮은 그림 같아 보였다. 그래서 그날로 표구점에 가서 액자를 만들어 그 가을 풍경을 액자에 담았다. 그리고는 현관문을 열면 잘 보이는 정면에다 높이 걸었다.

액자의 내용은 이러하다.

단풍이 붉게 물던 아담하게 생긴 어느 야산 줄기 아래턱 양지에 기와반, 초가 반인 10여 가구가 모여 사는 농촌 마을이 있다. 마을 앞에는 논들이 잘 정리되어 있고, 좌측에는 작은 계곡물이 흐르고, 우측에는 큰 계곡물이 흘러 합수되는 곳이 있다. 먼 산 위에는 목화송이를 닮은 흰 구름이 피어 있고, 그 아래에는 아름다운 폭포가 운치를 자랑한다.

좀 더 섬세하게 표현한다면 작은 계곡물에는 추억의 징검다리와 섶다리가 병존한다. 섶 다리 위에는 한 농부가 쟁기를 지고 소를 앞세우고, 그 뒤로 어린아이가, 그 다음은 아기를 업은 아낙이 빈 새참 광주리를 이고 따라간다. 들판에는 대여섯 명의 농부가 줄지어 벼를 베고 있다.

작은 물가에는 물레방아가 물을 안고 돌고, 초가로 된 물레방앗간집 앞에는 좁은 마당이 있다. 마당에는 늙은 촌부가 채질을 하고, 그 옆에는 멍멍이가 졸고 있으며, 먹이를 쫓고 있는 장닭과 암탉이 교대로 날개짓을 한다. 지붕 위에는 박과 호박이 뒤엉켜 기세를 겨루고, 마당에는 고추와 알곡이 늘리고, 감나무엔 감이, 대추나무에는 대추가 빨갛게 익어 농부의 손길을 기다린다. 거듬이 한 콩단과 깻단도 동참하듯 세워져 있는 잘 익어 수확이 한창인 한 폭의 가을이다.

옛날 우리네 부모들이 봄부터 여름 내내 땀 흘려 가꾼 가을이 액자 속에 고스란히 들어나 있다. 한때는 대수롭지 않게 여기어 천대받던 액자 속의 가을 풍경이 속빈 강정 같았는데, 이제 와서 텅 빈 내 속에 늘 풍성한 가을을 꽉~꽉 채워 주는 것 같아 늘 즐겁다. 그리고 그림을 준 친구에게도 새삼 고마움을 전한다.

연두색에서 행복을 얻다

뭉게구름이 바람 따라 도톰하게 피어나 목화송이가 된다.

끓는 가마솥 같은 여름날, 발끝까지 시원한 바람에 엔도르핀이 팍팍 솟아난다. 그것도 잠시 일뿐, 먼 산 끝자락에 몰려던 솜사탕 구름이 점차 검은색으로 변한다. 그리고는 머리 위까지 와서 머문다. 이를 때면 불안과 초조함이 노골적으로 가슴을 짓누른다.

자전거 페달을 더욱 세차게 밟아 멈출 자리를 찾는다.

간신히 도착한 곳은 저수지 어귀의 작고 초라한 돌멩이상점의 처마 밑이다. 우르르 우당탕! 소리가 점점 가까이 다가온다. 기어이 불 칼이 검은 구름판을 나무뿌리처럼 갈라놓고, 폭탄 터지는 소리를 내어 고막을 쥐어짠다. 순간 이 좁은 공간에도 남녀노소들이 하나 둘 몰려들어 서로 눈길을 비빈다. 굵은 빗방울이 세차게 휘려 친다. 마침내 소나기가 한바탕 소란을 피우고 나서 소리 소문도 없이 산 너머로 사라진다.

잠시나마 함께했던 사람들은 간다는 인사말도 없이 제각기 뿔뿔이 흩어진다. 태양이 다시 따가운 얼굴을 들추어낸다. 저수지 저편에서 정확하게 뿌리근원을 알 수 없는 무지개가 사막에 신기루처럼 솟아오른다. 빨, 주, 노, 초, 보. 남, 파 선명하게 아름다운 일곱 색갈이 망막에 드리워진다. 여기서도 대표 색상인 흰색과 검정색은 빠졌다.

우리는 일상생활 속에서는 물론이고 꿈속까지 색을 맛보고 느끼면서 연속으로 이어간다. 사람마다 물어보면 제각기 자기가 선호하는 색을 가지고 있다고들 한다. 어떤 사람은 정열적인 사랑의 상징인 빨강을, 어떤 사람은 시기와 질투가 내재된 노랑을, 어떤 사람은 청순하고 상큼한 보라색을 좋아 하기도 하고 또 다른 이는 싱그러운 초록을 좋아한다.

어린 시절 나는 푸름이 무성한 작은 농촌에서 꿈을 키우며 자랐다. 그것도 큰 마을에서 좀 떨어져 있는 '들 가운데'란 작은 마을이다. 그래서 소꿉친구가 적을 뿐 아니라 허심탄회하게 속마음을 털어 놓을 수 있는 죽마고우도 그리 많지 않다. 그저 '윤선도'를 닮아 자연 속에 묻혀 흙과 돌, 나무와 풀, 울타리 밑 사금파리를 친구삼아 비교적 조용하고 차분하게 보냈다.

지금은 이앙기로 봄철 모내기를 하지만 내 어린 시절은 못자리에서 모를 쪄, 쓰레질을 마친 무논에 직접 손으로 모내기를 하였다. 더욱이 오랜 가뭄 끝에 단비라도 올라치면 마을주민들은 비를 맞으면서까지 일제히 온 들판의 모심기를 마쳤다.

그러고 나서 다들 마을 회관에 모인다. 오랫동안 어떻게 지냈는지 서로서로 얼굴을 맞대고 이야기꽃을 피우면서 편안한 마음으로 한잔 술을 여유롭게 기울인다.

기억에 남아 있는 어린 날은 눈 덮인 흰 겨울이면 꽁꽁 언 빙판에서 스케이트를 타거나 팽이치기를 하였으며, 봄이면 동산에 올라 진달래 꽃잎을 따 먹고 붉은 혓바닥을 내밀며 자랑을 했다. 여름에는 시원한 그늘 속에서 장기판을 벌이고, 풍요로운 황금빛 수확의 가을 들판을 아낌없이 모두 차례로 한눈에 볼 수 있었다.

그런데 유독 봄에만 두 가지 푸름을 구분하여 볼 수 있다. 그래서 봄 들판은 더욱 멋지다. 하나는 갓 모심기를 마친 연두색의 들판이며, 또 다른 하나는 심은 벼가 뿌리를 내려 변한 검푸른 녹색이다. 이 두 색깔 중에서 나는 연두색을 아주 좋아 한다.

그다음은 꽃바람과 함께 봄이 오면 누구나 밖으로 뛰쳐나가고 싶어 한다. 근래 들어 자주 가는 곳은 찰랑찰랑 물결이 나부끼고 물오리가 숨바꼭질하는 저수지 옆 작은 언덕이다.

자전거로 10분이면 가지만 걸어서는 50여 분 정도 걸리며, 나지막한 산을 넘어 또 하나를 넘어야 도달 할 수 있다. 각종 운동기구와 휴식 시설이 있어 휴식처나 산책 코스로도 안성맞춤이다. 내게는 이 저수지가 사계절을 음미 할 수 있는 젊은 날의 향수 어린 주막같이 넉넉한 곳이다.

봄은 아지랑이를 앞세우고 온다.

저수지 물가, 물오른 버들강아지가 피어있는 언덕배기에는 휘늘어진 능수버들이 바람에 한들거린다. 연두색 실오리가 춤을 추듯 그 모습은 마치 낭랑 18세 처녀가 연두색 치마를 입고 봄나들이를 가는 것 같이 아름답다.

원래 식물은 노란 새싹에서 부터 잎이 연두색 그리고 연초록, 초록, 진초록으로 변하여 결국 단풍으로 떠나간다.

이 두 연두색의 감성을 아름답고도 부드럽고 포근하다.

어느 누구나 자기의 마음에 드는 색이 있기 마련이다. 내가 연두색을 좋아하는 이유를 굳이 더 말한다면, 우선 평화의 상징성을 가지면서 마음에 엉킨 타래를 풀어 희망을 가져다준다. 또한 그 자체가 약간 덜 익은 처녀처럼 야들야들 하다고나 할까? 삼삼하다고나 할까? 아니면 천진난만한 소녀 같은 느낌을 주기 때문이다.

나는 오래 동안 스트레스와 불면증에 시달리려 왔다. 그를 때면 조용히 눈을 감고 연두색의 본 모습을 상상한다. 그러면 서서히 기분이 좋아지고 마음이 편안해진다. 따라서 연두색을 신경안정제로 여기고 이날까지 의지하며 살아온 시간이 제법 오래다.

바로 이것들이 연두색이 내게 준 가장 큰 선물이다.

산으로 가드라

제법 따끈하고 나른한 늦은 봄날 새벽이다.

잠자리에서 눈을 뜨자마자 날이 채 밝지도 않았는데 휴대폰 벨이 머리맡에서 요란스럽게 울린다.

누가 새벽부터 전화질인가 하고 투덜대며 휴대폰을 귀에 갔다대니 큰조카가 울먹이며 겨우 말을 이었다.

"엄마가 돌아가셔요."

"그래 알았다."

더 이상 말을 잇지 못한 채 휴대폰을 내려놓고 아내에게 알린 다음 아침밥을 먹는 둥 마는 둥 울산으로 운전대를 잡았다.

살아온 70평생, 어머니 아버지가 돌아갔을 때보다 더 서러워 운전대가 마구 흔들린다. 억지로 울음을 참고 가자니 앞이 아른아른 하기도 하고 희미하기도 하여 속도를 내기가 어려웠다. 그러나 시간이 촉박하여 옆에 탄 아내 몰래 눈물을 훔치며 정신없이 달렸다.

원래 우리 집안은 증조부가 양자로 들어와 할아버지와 아버지까지 외대로 내려온 손이 귀하기로 소문이 나 있다. 내 대에 와서 누나가 맏이로 태어나고, 그 다음으로 나를 위시하여 자그마치 7형제가 태어나 독자라는 오명을 벗었다.

당시 어려운 살림에 누나는 학교 문턱에도 가보지 못하고, 줄줄이 태어난 동생들을 업어 키우면서 어머니가 들일을 가면 집안 살림을 도맡아했다. 그러다가 내 나이 스무 살이 되던 해에 어머니가 산후 끝에 병환으로 세상을 뜨고 나니 누나와 나는 어린 동생들을 돌보며 농사일에서 집안일까지 도맡아해야만 하였다.

더욱이 끝내 어머니 옆으로 간 칠도 다 가지 않은 남동생에게 우유대신 미음젖병을 물렸던 일, 두 번이나 상처하여 속이 상할 대로 상한 아버지를 모시는 지난 일들이 뇌리를 스쳐 눈물이 앞을 가렸다.

누나는 타고난 천성이 고와서 생전에 남에게 싫은 소리는 물론, 남을 속이거나 못되게 한 적이 없었다. 산골로 시집가서도 동네 사람들에게 추앙을 받으며 오로지 희생 하나로 살아왔다.

누나의 영전에 엎드린 나는 결국 이 말 밖에 할 수 없었다.

"이렇게 허무하게 갈려고 그렇게도 모질게 살았던가."

사람은 누구나 모든 걸 다 버리고 결국 치수에 맞는 나무상자 속으로 들어가야만 한다. 이 엄연한 사실 앞에 너무나 애달프고 서글퍼서 바닥을 치며 통곡하였다.

달랑 액자에 든 사진 한 장으로 생시의 모습을 더듬는다. 누나의 일생을 드라마로 엮는다면 장편은 엮었을 것이다. 고달픈 지난 일들을 잊으려고 스스로 눈을 감았으리라.

숨을 멈춘 누나의 육신을 싣고 초록이 우거진 깊은 산골을 굽이굽이 돌아서 멀리 떠나는 뒤를 따라가는 나의의 모습이 무척이나 서글프고 측은하게 느껴진다.

하늘을 누비는 구름사이로 구성진 뻐꾸기가 날며 울고, 귀신을 홀린다는 까마귀마저 홀로선 전주 위에서 운다. 두 울음소리가 어우러져 어느 것이 뻐꾸긴지? 어느 것이 까마귀인지? 혼미한 길을 벗어나 누나는 말없이 영구차에 실린 채 그대로 하늘공원에 당도한다.

여기는 그럴듯하게 현대시설이 갖추어져 있는 말 그대로의 하늘공원이다. 이 지역에서 세상을 뜨는 이는 대부분 여기서 저승길을 여는지라, 내 누나도 당연하다는 듯 수천도의 불길에서 육신을 털어내고 한줌의 재로 남아 이승을 마감하는가 싶다. 이승의 삶을 허물 벗듯이 벗어놓은 유리방 속에 보이는 마지막은 더욱 슬프고 허무하다.

이 길이 누구나 다 가야할 길이라면 우리네 인간들은 무엇을 붙잡고 삶의 목표로 삼아야 할지 착잡하다.

생전에 살았던 간월산 깊은 골짝이 마지막 낮은 능선자락 아래턱 양지에 무덤대신 이름 두자와 자식이 누구누구라는 자그마한 비석 하나만을 남기고 누나는 영영 돌아오지 못하는 길을 떠나갔다.

시원한 골바람이 부는 자연으로 돌아가는 누나의 희미한 모습에서 사람이면'누구나 태어날 때부터 거역할 수 없는 운명의 장난에서 벗어나지 못한다.'는 만고의 진리 앞에 그저 숙연해 질뿐이다.

누나를 보내고 갔던 길을 되돌아오면서 '사람은 결국 산으로 가더라.'를 마음속에 새기면 이왕지사 산으로 갈 바엔 민둥산보다 봄이 오면 꽃이 피고, 여름이며 숲이 우거지고, 가을에는 곱게 단풍이 들고, 겨울이면 흰 눈 사이로 새소리 물소리 들리고, 태풍이나 폭설이 와도 늘 평온한 양지바른 곳으로 갔으면 하는 생각을 해 보면서, 누나는 아마도 그런 곳으로 갔을 것이라고 믿어 본다.

당산제

여기에 튼튼한 한 마을의 지킴이가 서 있다.

할아버지의 할아버지 그 이전 오래전부터다. 마을주민들은 한 해 안녕과 풍성한 수확을 그에게 빈다. 때는 정월 대보름 0시이고 장소는 대대로 내려오는 당산나무 앞에 있는 제단이다.

당산나무는 마을주민들로부터 절 받은 나무라 하여 예로부터 신으로 모셨다. 마을에서 가장 오래되었거나 묘하게 무리지어 있는 나무들이다. 주로 마을 어귀나 뒷산에 아래턱에 자리하고 있으며, 주로 소나무이나 느티나무와 은행나무가 대부분이다.

예로부터 신목인 당산나무를 베거나 훼손하면 살을 맞아 죽거나, 집안에 우환이 생기고, 마을에 흉사가 생기다거나, 흉년이 든다고 전해지고 있다. 그래서인지 몰라도 당산나무 주변에 있는 나무만은 일제강점기와

6·25 사변에도 무탈하였다.

제단은 당산나무 앞에 조그맣게 당집을 짓고 그 안에 있거나, 돌로 울타리만 치고 그 가운데에 만들어져있다.

요즘 젊은 세대들은 혹간 미신이나 무속행위 또는 사이비종교라고 할 수도 있을 것이다. 그러나 대대로 농사를 지어오던 우리네 조상들은 여기에 빌면 마을이 무탈하고 풍년이 온다고 믿었던 것이다.

이례적으로 한 해 농사를 수확한 후 한가한 동지섣달에 주민들이 마을회관에서 총회를 연다. 여기서 평소 팔자가 좋고 여러 해 동안 흉사를 당하지 않은 덕망 있는 분을 골라서 당산제를 올리도록 결정한다. 그리고 집집마다 거둔 제비를 이장이 제주에게 준다.

일단 제주로 지목되면 한 달 동안 몸을 정갈히 하고 부부 관계를 하지 않음은 물론이고, 근자에 흉사를 치른 집안사람과는 부정 탄다고 하여 길을 돌아가면서까지 직접대면을 피하고, 서로 말을 섞지 않는 것이 통례다. 제물은 시장에서 가장 신선하고 큰 것을 고르고, 모든 언행을 조심하고 청결과 지극정성을 최우선으로 한다.

제주는 정월 대보름 1주일 전부터 아무도 모르게 왼 새끼로 제단주위에 금줄을 치고, 그 새끼에 한지(韓紙)조각을 꽂아 부정한 사람이 드나들지 못하게 표시를 한다.

나의 고향마을도 예외는 아니었다.

마을에서 정면으로 보이는 나지막한 동산에 아주 오래전부터 유지되어 온 작은 솔숲이 있다. 그 아래턱에 울타리와 돌로 만든 당산제단이 있다. 제단 위에는 큰 당산소나무 3그루가 버티고 있으며 주변에는 동년배 소나무 수 십 그루가 자그마한 숲을 이룬다.

제주가 당산나무에다 동네의 안녕과 풍년이 들기를 비는 제사와 소지를 올리고 한지(韓紙) 온장을 금줄새끼로 당산나무에 묶어놓고 돌아간다. 이 한지를 마무도 모르게 가져다가 글을 쓰며 공부도 잘 하고 훗날 훌륭한 사람이 된다는 말이 전해지고 있었다. 단 제주나 다른 사람에게 들키지 않아야 된다는 까다로운 전제조건이 붙어있다.

어린 시절 나는 그 한지를 가지기 위하여 휘영청 달 밝은 보름 전날 밤, 추운 줄도 모르고 제단이 보이는 논두렁 밑에 혼자 숨어서 오들오들 떨었다. 제주가 제를 올리고 돌아가는 것을 여러 해 걸쳐 보았다. 그러나 그 한지를 가지는 것에는 번번이 실패하였다.

그렇던 어느 한 해, 요행인지 다행인지 몰라도 다른 아이들을 제치고 그 한지를 차지 할 수 있었다. 어린 나로선 그 기쁨을 감당하기 힘들었다. 단숨에 달려 집에 도착한 다음 그 한지에다 '당산님 제발 공부 좀 잘하게 하여주십시오.'라고 적었다.

설령 그것이 토속신앙이던 미신이던 아니면 하나의 전설이던 그게 중요한 것은 아니다. 그로 인하여 당시 어린 나로서는 오랫동안 마음의 위안을 받아 안정을 찾을 수 있었던 것만은 사실이다.

60여 년이 지난 오늘날까지 뇌리를 떠나지 않았던 유별난 기억의 하나이자, 오랜 기간 동안 정신문화 초석으로서 내게 제 역할을 다했다고 할 수 있을 것이다.

지신밟기

가장 가까운 곳에서 우리와 공존하고 있는 두 가지가 있다.

그 하나는 무형의 하늘이고, 다른 하나는 유형의 땅이다.

음양오행설에 따르면 하늘(天)은 양이고 땅(地)은 음이라 한다. 따라서 우리네 조상들은 이 둘을 신으로 보고, 하늘에는 천신이 있고 땅에는 지신이 있다고 믿었다.

울산은 나의 고향이다.

태어나 어린 시절과 청소년기를 보낸 곳이다. 산 좋고 물 좋고 인심 좋은 참 살기 좋은 곳이다. 오늘은 여기서 어릴 때 보고 느낀 민속놀이 하나를 그 옛날에서 끄집어내어 펼쳐볼까 한다.

농사를 전업으로 하던 시절, 한 해 농사를 준비하기 직전인 정월 보름에서 음력 2월까지는 연중 가장 한가하고 홀가분하게 지낼 수 있는 시기이다. 뿐 아니라 이때까지는 아직 쌀독에 알곡이 남아있어 걱정 없이 편안하게 지낼 수 있다.

이 한가한 때를 이용하여 마을청년들은 집집마다 돌면서 지신을 밟아준다. 요즘의 농악놀이와 비슷한 복장에다 한둘은 예쁜 여자로 분장을 하기도 한다. 꽹과리, 징, 장구, 북, 손북(버꾸)을 돌리며 돌아간다. 그기에 긴 꼬리와 짧은 꼬리를 단 상모를 쓰고 장단에 맞추어 빙빙 뱅글뱅글 돌린다. 마당에서 원을 그리며 여러 사람이 짧은 상모와 손북을 기차게 잘 돌리는 것이 한 폭의 조선시대 '김홍도'의 그림 같다. 또 다른 이는 포수 복장으로 얼굴에 환칠을 하고 목총을 쏘는 흉내를 낸다. 등에 바가지를 넣어 꼽추 형상을 하며 꼽추 춤을 추기도 한다. 여장한 아가씨는 바가지를 아랫배에 넣고 만삭의 임산부 흉내를 볼 상 사납게 낸다.

이들은 보통 20명 내외로 구성된다. 맨 앞에는 쇠잡이가 꽹과리를 치고 그 뒤를 징이 따른다. 그다음은 북, 장구, 손북, 긴 꼬리상모 등이 줄줄이 따른다. 그들은 구경꾼을 몰고 다니며 집집마다 돌아다닌다. 이들은 대문을 들어서면서 요란하게 꽹과리를 치고 마당을 신나게 돌다가 안방을 향하여 1열 횡대로 선다. 이때 마을에서 식자께나 든 총책이 대주(호주) 어른을 찾으면 모두들 따라서 후창을 한다. 총책이 "문 여소. 문 여소. 문수장군은 문을 여소! 만인간이 들어가고 만고복덕 태산같이 들어가요! 고현산(고향에 있는 높은 산) 줄기 잡아 이집 터가 생겼구나!" 이렇게 '문'굿을 하는 동안 대주는 상에다 쌀과 돈을 내놓는다. 이것은 동네 이장과 짐꾼이 챙긴다.

그다음 마당을 돌면서 "지신 지신을 밟아라! 어화 지신을 밟아라!"하고 선창 후창으로 주문을 외우며 신명나게 판을 벌린다. 그리고 정지(부엌)에서는 그기에 맞는 주문을 흥얼거리고 마구간 앞에서는 마소가 잘되라고 흥을 높인다.

한바탕 지신을 밟고 나서 주인이 생활 형편에 따라 차려 내놓은 술과 음식을 먹는다. 이때 구경꾼으로 따라다니던 마을의 남녀노소도 같이 둘려앉아서 먹고 즐긴다. 이렇게 마을을 한 바퀴 도는 대는 대략 1주일이 정도 소요된다. 이때 모은 돈과 쌀은 마을기금으로 아주 긴요하게 쓰인다.

이렇게 하다 보니 마을 내 가가호호 생활사는 물론이고, 사람의 성품까지도 서로 잘 알 수가 있다. 따라서 자연히 주민들은 서로를 이해하고 협동하여 단결하게 되는 것이다.

오늘날은 3차도 모자라 4차 산업혁명으로 가고 있다. 그러나 우리네 이웃은 점점 살아지고 서로의 이해와 협력은 골만 깊어갈 뿐이다. 지금도 무수히 많은 별별 요상한 축제가 전국각지에서 벌어지고 있다. 그 목적이 대부분 변질되어 특정인들의 이익추구나 상업홍보로 변질되고 있는 것이 다반사다. 요즘 시골은 7~80대 노인들만 살고 있어 마을 전체가 하나의 큰 노인정으로 변해가고 있다. 더욱이 독거노인이 많아 나라에서 최저 생계비를 지원하고 있는 실정이다.

인간은 누구나 빈손으로 태어나 빈손으로 자연에 귀의한다. 이 엄연한 사실 앞에 한 번쯤 이웃을 사랑하고, 서로가 서로를 이해하고, 협동하여 잘 지내던 과거를 상상하면서 현대판 지신밟기를 새삼 되새겨 볼 일이 아닌가 한다.

어머니 학교

파릇파릇 움트는 가지마다 추억이 새록새록 핀다. 시원함을 자랑하던 휘늘어진 수양버들이 운동장 둘레를 도는 아주 오래된 친구를 반긴다. 가끔 참새 떼거리가 날아와 탱자나무 울타리에 앉아 수다를 떨다가 무엇이 못마땅한지 인근 대밭으로 훌쩍 떠난다.

2차선 포장도로 한편으로 낡은 학교와 운동장이 있다. 운동장에는 잡초들이 겨울 내 찬바람에 마른 가슴으로 바지락 거리며 잠자다가 녹는 땅을 뚫고 노란 새싹으로 올라오는 것이 기특하다.

앞뒤가 논이라 여름이면 높이뛰기 선수인 메뚜기를 잡았고, 도로 건너 저편에는 하천이 흘러 야외학습 시간이며 고무신으로 물을 퍼고 물고기를 잡았다. 버들치, 퉁가리, 송사리, 피라미, 미꾸라지를 잡아 감추고 교실로 들어와 골마루에서 꿇어앉아 손들고 벌을 섰던 추억어린 곳이다.

이왕지사 여기까지 왔으니 한번 둘러나 보자. 발길은 굳게 닫힌 쪽문을 몸으로 밀었다. 그리고 저벅저벅 운동장을 걷는다. 누군가 달려와 반길 것만 같다.

한때는 숫한 또래 동무들이 이곳에서 청운의 꿈을 키웠는데, 지금은 매우 서글프고 아픈 모습이다. 길게 늘어선 바람막이 건물이 얼핏 보기에는 옛날을 그대로를 담고 있으나 속은 바싹 늙어 서럽다.

태극기 없는 깃대에는 색 바랜 무궁화 깃봉이 과거를 그대로 지키고 교장 선생님이 오르내리시던 단상은 혼자 쓸쓸히 넓은 풀밭에 앉아있으며, 축구 골대는 공 맛을 보지 못해 무너지기 일보 직전이다.

교실 안을 가만히 들려다 본다. 벽보판에는 어느 학생의 그림인지 몰라도 아버지 어머니가 먼지를 머금고 한 점 유령으로 붙어 있다. 이는 보는 이로 하여금 마지막 잎새처럼 슬픔을 자아내게 한다. 교실과 골마루의 판자바닥은 기름을 먹이고 초를 칠하여 반들반들 닦아놓아 선생님의 슬리퍼가 미끄럼을 타던 곳이다. 이 역시 검다 못해 먼지가 쌓이고 구석진 곳에는 금세 새앙 쥐가 튀어나올 것 같다.

선생님들이 사시던 관사에는 거미와 고양이가 삼시세끼를 만든다고 고약한 냄새를 풍긴다.

잠시 나는 지난날의 기억을 더듬어 아울러본다.

그렇게도 무서웠던 고향이 제주도인 M 선생님의 특이한 목소리가 매를 들고 골마루로 나온다. 자주색 비로드치마를 입은 H 담임 선생님의 향수가 어린 시절이 어머니 향기로 변하여 창밖으로 흘러나와 화단에

꽂힌다. 비음 섞인 친구 형인 K 선생님의 하소연 하시던 모습도 머릿속에 생생하게 박혀있다.

내가 다니던 이 초등학교는 울산광역시 울주군 내에 있다. 그러나 급속한 사회적 변화와 교통편이 좋아져서 젊은 세대가 몽땅 도심으로 이주하는 바람에 학생이 급격히 줄었다. 결국 학생보다 선생님 수가 더 많을 정도가 되니 지역중심지에 새로운 학교를 지어, 3개 초교를 통합함에 따라 자연히 폐교가 된 것이다.

정부는 점점 떨어지는 출산율을 높이기 위하여 온갖 유인정책을 쓰고 있으나 출산율은 올라갈 기미를 보이지 않는다. 며칠 전 한 방송사가 발표한 설문조사 결과이다. 요즘 출산적령기 젊은이들이 경제적 이유로 남자는 34%가, 여자는 57%가 결혼 포기 의사를 밝히고, 결혼하여도 40%가 아이를 낳지 않겠다고 나왔다.

전국에서 학생감소로 폐교된 학교가 최근 10년 사이 무려 3,600 곳이나 된다고 한다. 뿐만 아니고 일부 대도시를 제외하고는 저 출산 고령화 현상으로 폐교가 계속 늘어 날 것이라고 한다. 더욱이 최근 1년 동안 아기 울음소리를 듣지 못했다는 읍면이 무려 17개나 된다고 한다.

'모교(母校)' 요즘에 듣기 어려운 참으로 정겨운 말이다.

지금 내 앞에 있는 이 학교는 국회의원을 위시하여 훌륭한 인물을 많이 배출한 전통 있는 학교다. 그런데 텅 빈 교실은 먼지가 대신하고, 즐겁게 뛰놀던 운동장은 잡초 밭으로 보기 흉하게 변하여 참으로 가슴 아프고 서글프다.

이미 폐교가 되었더라도 각종 문화공간으로 새로이 탈바꿈하여 아름다운 모습을 보이는 곳도 많이 있다. 그런데 유독 나의 어머니 학교만은 그대로 방치되고 있으니 더욱더 안타깝다.

되돌릴 수는 없더라도 아름다운 흔적만이라도 영원히 남았으며 참 좋겠다.

동기회 하던 날

아주 어릴 때 친구를 죽마고우(竹馬故友) 또는 불알친구라고 한다.

그 다음은 친구는 어떻게 말할 수 있을까? 단연 나이 들수록 만나고 싶어 오금이 저려오는 초등학교 동기동창이다.

요즘처럼 유아원도 어린이집도 유치원도 없던 시절, 배움의 첫발인 동시 맨 처음 공동생활을 했던 친구들이다. 지금은 초등학교이지만 그 당시는 '국민학교'라 하였다. 학교생활 기간도 가장 긴 6년이다. 따라서 그 때 그 친구들은 서로가 서로의 성격이나 마음을 너무나도 잘 알 수 있는 것이 특징이면 특징이다

전교생이 아침조회라 하여 그야말로 '학교 종이 땡! 땡! 땡! 어서 모여라!'이다. 운동장에 학년별로 모이고, 그들 앞에 대표인 반장이 있다. 그들 맨 앞에는 학생회장이 홀로 선다. 학생을 마주보고 각 담임선생이

서 있고 교장과 교감 선생님은 단상 옆에 선다. 카랑카랑한 교장 선생님의 훈시 목소리가 단상 위에서 마이크를 타고 운동장을 덮친다. 모두들 열~중 쉬어 자세를 하고 쥐 죽은 덧이 조용히 훈시를 무겁게 받아들인다.

한 학년에 한 반이 있는 경우가 많았다. 한 반만 일 경우는 60~70명이 보통이고 그 보다 더 많은 반도 있다. 또한 남학생만 있는 것도 아니고 좁은 교실에 남녀학생이 북적댄다. 그러다보니 서로간의 정은 말할 것도 없고, 누구누구 할 것 없이 속속들이 속사정을 다 알고 있다. 비록 나이는 어리지만 남여가 같이 있다 보니 부끄러움도 많이 탔다. 소풍이라도 가는 날에는 모두들 설렘으로 밤잠을 설치기가 일수이다. 그날만은 어머니 정성이 담긴 맛있는 도시락을 먹는 날이기 때문이다.

빛나는 졸업장을 받아 든 우리들은 정든 교정과 선생님을 뒤로 하고 뿔뿔이 헤어졌다. 중학진학이 많았으나 기술을 배우려가는 친구도 있고, 아버지를 도와 일지감치 농사일을 하는 친구도 있고, 어머니를 도우는 가사도우미도 있었다. 그야말로 가정 형편에 따라 스스로의 진로가 결정되었다.

졸업 후 살았던 곳도 전국 방방곳곳이다. 서울, 부산, 대구, 대전, 찍고, 울산, 마산행도 있다. 초등학교 교정을 떠난 후 어제 그저께까지 좋은 직업을 가진 자도 있고 사업에 성공한 자도 있었지만 이제는 대부분 현직에서 물러나 한가한 일상을 보낸다. 다들 성장과정의 변화와 산업화의 발달로 직업도 천차만별 이였다. 뿐만 아니라 굽이굽이 돌고 돌아 이날까지 오느라 각자는 몸담은 직업에 저마다 달인이나 명장이 되어 사회의 한 축을 이루었다고 할 것이다.

초등학교를 졸업 한지 얼마나 지났을까?

몇 십 년이 지났을까 헤아려 보자고 손꼽던 어느 봄날이다. 우편물 하나가 날라 왔다. 겉봉엔 초등학교 동기생 이름이 적혀 있고 고향우체국 소인이 찍혀있다.

"친구야 잘 있었니.
헤어진 지 60년 세월에 얼마나 변했을까? 소주 한 잔 해 보자구나.
더 늙기 전에 고향에서 추억도 만들어 보고 하루 쉬었다 가면 어떨까."

순박한 옛날이 그대로 우르르 쏟아진다.

오랜만에 큰마음 먹고 나름대로 멋있게 단장을 해본다. 설렘을 앞세우고 모임 장소에 도착한다. 다들 나를 보자마자 "멀리서 온다고 고생 많았지. 참석하여 줘서 고맙다." 서로 얼싸안고 춤이라도 출 듯이 우리는 빠르게 옛날로 돌아간다.

70이 넘는 남학생들의 관심사는 단연 여학생들이다. 솔직히 여학생 그들은 어떻게 변했을까? 얼마나 참석 할까? 보고 싶었는데 이날 만난 여학생은 단 한 명 뿐, 너무나 아쉽고 안타까웠다. 그러나 어릴 때 보던 얼굴보다 더 예쁘고 더 세련되고 명칭만 그저 할머니로 바꾸었을 뿐이다. 그럼 남학생들은 어떠할까? 세파에 시달려 약간 늙은 것 같으나 성격이나 음성은 옛날 그대로이고 각자 부모님들의 모습을 그대로 박아놓은 것 같다.

간월산 자락의 삼거리 개울가 소문난 음식점이다.

맛보다 옛정이 더 그리운지라 하나 둘 이야기보따리 풀어놓기 경연대회에 참석한다. 누구는 어디에 살고, 누구는 언제 어떻게 만났고, 너는 어떻게 지냈는가. 나는 이렇게 살았노라고 막힘없는 사연이 술술 풀어헤쳐진다. 우리들의 말들에는 순수함이 베어 나오고 어지간히 살았다는 속 깊은 한 줄거리인지는 몰라도 모두들 몹시 듣고 싶고 알고 싶었던 것들 뿐이다.

웃고 떠들다 보니 아쉽게도 이별의 시간이 너무 빨리 도착한다. 멀리서 온 나로서는 갈 길을 생각 했어 먼저 자리를 떠야만 하였다. 잠시나마 초등학생으로 돌아가 호들갑을 떨던 즐거움을 뒤로하고 다시 내년을 기약하면서 아쉬움만 남기고 그곳을 벗어났다.

훌쩍 묵은해가 지나고 새해가 밝아온다. 폰의 카톡이 울린다. 그리운 초등학교 동기생 서로간의 안부와 좋은 소식들이 무더기로 쏟아진다. 그 중에 나의 가슴을 찡하게 만든 한 구절을 읊어 본다.

"낙엽이 떨어져 바람 인줄 알았더니 세월이더라."

친구 사이

임마 새끼! 니 누구 아닌가!

그래 이 문디, 새끼야! 오래만 이다. 니 이자 뿔뿐 했다.

앵가이도 오래만이다. 니캉 내캉은 친구 에닌가. 탁빼기 한 잔 하세. 퍼뜩 오느라. 와이카노 쪼메 남사시럽다. 아이다.

친구는 늘 보고 싶다. 친구는 언제 만나도 반갑다. 때와 장소에 상관치 않고 술 한 잔 나누면서 거침없이 생활사를 쏟아 낼 수 있는 사이다.

친구란 호주머니에서 꺼낸 다 낡은 종이쪽지에 적어놓은 전화번호 같은 존재이다. 또한 친구는 끊어질 줄 모르는 그리고 지칠 줄 모르는 너와 나 사이, 거기에 끼어든 아주 소중한 인연 같은 것이다.

'아리스토텔레스'는 친구를 "두개의 몸에 깃든 하나의 영혼이다."라고 하였다. 또한 철학자 '소크라테스'는 "모든 언행을 칭찬하는 자보다 결점을 친절하게 맞아 주는 친구를 가까이 하라"고 하였다.

나에게도 여러 명의 친한 친구가 있다. 몇 달 혹은 몇 년 만에 만나도 마치 어제 만나고 또 만나는 것처럼 편안하고 여전히 반갑고, 목소리만 들어도 기분이 좋아지는 그런 친구는 그리 많지는 않다.

간혹 오랜만에 만나도 그냥 무뚝뚝하고 미련하지만 호주머니에 든 따끈한 군밤 같은 사랑을 한 줌씩 말없이 나누어주고 싶은 친구. 달려와 손을 잡아주고 자기 이야기보다 하소연 하는 내 말을 먼저 들어주는 그런 친구를 만나보고 싶다.

기억나는 친구를 나누어 본다면, 소꿉친구, 불알친구, 죽마고우라 부르는 아주 어릴 때부터 친한 친구가 맨 먼저다. 나의 고향동네는 80여 호가 살았다. 부모님 몰래 쌀독에 쌀을 훔쳐 보자기로 묶어서 벼 짚가리에 숨겨두었다가 저녁이면 친구가 운영하는 골방가게에 가져간다. 돈과 빵, 엿, 과자, 껌을 바꾼다. 그 친구는 우리들이 가져다준 쌀을 읍내에 가져다주고 돈과 골방가계 물건을 바꾸어온다. 저녁이면 나누어 받은 돈으로 빵과 엿 내기 화투를 치느라 촛불 밑에서 날밤을 새운다. 아침이면 오소리 굴에서 나온 것처럼 눈에는 핏발이 서고, 아버지 담배삼지에서 꺼내온 엽연초 담배를 종이에 말아 피운 탓으로 얼굴과 콧구멍은 새까맣게 끄으러져 있다. 찬물에 눈곱만 뗀 후 책보자기만 들고 학교에 간다. 그러나 그런 행동에 대한 보안대책만은 철두철미하게 지키는 것이 친구 된 의리다.

다음은 고교시절 이런 친구들이다. 우리는 무지개 꽃구름 같은 남녀공학을 하였다. 남학생들은 여학생을 의식하여 숨겨둔 재간을 부려 보이거나 더 가까워지려고 편지로 자기의 마음을 전하기도 하였다.

먹고 살기가 그리 넉넉하지 못한 시절이라 먹는 것에 대한 에피소드를 주로 많이 남겼다. 추석 전날, 친구와 나는 친구 집 가까이에 있는 수박밭에 서리를 갔다가 주인에게 쫓겨서 탱자나무 울타리 개구멍으로 머리를 디밀고 빠져나와 구사일생으로 도망쳤던 일.

살얼음이 덮인 미나리 강(논)에서 미나리를 뿌리째 뽑아다가 자치 방에서 대충 씻어 밥을 지어 먹었다. 밤늦게 맛있게 먹고는 아침이 되어 먹다 남은 미나리에서 거머리가 기어 나와 구역질 한 적도 있다.

친구들에게 우리 집 닭장이 어디에 있으니 붙잡아 오라고 하여 잡아먹었던 일, 우리 집 곶감은 어디에 있으니 가져오라고 하던 추억, 그 외에 무수히 많은 장난을 같이 저지른 그들이 정말 보고 싶구나.

그 다음 만난 친구는 함께 술 먹기 시합하다 고주망태가 되어 순경과 싸움하다 파출소에 끌려가서 의자에 묶인 채 밤을 새우고 바지에 지도를 같이 그린 친구.

담배 한 대 안 준다고 말다툼하다가 너 한 모금 내 한 모금 하던 빨던 빨대친구, 입대하여 같이 외박 나와 늦게 귀대하여 쥐어 터지고 나서도 같이 웃다 다시 작살난 한심한 친구.

이렇게 친구들과 나 사이는 이런저런 일로 그날들을 둥글납작하게 모나지 않게 우습고 재미있게 보냈다.

세월이 가도 항상 마음만은 젊어있고, 나이를 거꾸로 먹어 늙음을 모르는 청춘, 항상 세월의 저편에서 그리움을 심어주어 밉지 않고 보고 싶은 그대, 그게 너이고 너는 내 친구다. 계절이 지나고 한 해가 저물어도 자꾸자꾸 생각나는 사이, 허물은 덮어주고 잘한 것은 칭찬 해주는 사이, 영원히 같이하지 못하는 저승길이라도 마다하지 않고 가는 척이라도 하는 네가 나의 진정한 친구다.

이런 친구가 오늘 밤 갑자기 카페에서 만나자고 한다면 나는 만일을 제쳐두고 맨발로 뛰어가리다. 이게 우정이란다.

어느 동기생

춘분이 지나고 제법 상큼한 봄맛이 피부로 느껴진다. 아침저녁에는 겨울옷이지만 한낮에는 너무 더워 웬 여름이 왔는가 할 정도로 옷을 벗어 들고 다녀야 한다. 이것이 금년 초봄의 날씨이다.

지난해 말, 나는 첫 시집을 냈다. 지인들과 옛 직장 동료에게 우선 한 권씩 보냈다. 그러고 나서도 마음 한구석이 허전함을 느꼈다. 어딘지 모르게 더 보낼 곳이 있다고 생각했기 때문이다.

내가 고등학교를 입학 할 때는 먹고 살기가 매우 어려웠다. 당시 집안 형편이 나은 친구는 졸업과 동시 고등학교는 부산, 대구, 서울 등 대도시로 유학을 떠났다. 그러나 가정형편이 어려운 학생들은 고향에 있는 시골 학교에 진학을 했다. 나 역시 어렵게 고향에 있는 고등학교에 진학하였다.

아버지를 졸라서 간신이 들어간 학교라 반은 학생이고 반은 농사꾼이였다. 그러나 늘 즐거웠다. 학생이란 신분이 너무나 좋았기에 고등학교에 가지 못한 동네 친구들에게 으스대기도 했다. 내가 다닌 고등학교는 한 학년이 2~3개 반이 있었다. 그리고 남녀공학이지만 여학생은 통틀어 30명도 채 안 되었다.

세월은 제동이 걸리지 않는다.

고향에서 이곳으로 떠나온 지도 벌써 반세기가 훌쩍 넘었다. 너무 멀리 있는 탓인지는 몰라도 고등학교 동기동창 모임에 제대로 가 본 적이 없다. 대략 10년에 한 번 정도 참석 했지만 모임 중간에 빠져나와야 했기 때문에 어제나 뒷맛이 개운치가 않았다.

중학교 동창은 스쳐 가는 구름이라면, 대학 동창은 사회 동료라 할 수 있다. 하지만 고등학교 동창은 청춘동창이며 가장 소중하고 아름다운 추억의 산실이다. 그것은 그만큼 생동감이 넘치고 인생에 가장 감수성이 풍요로울 때, 같은 교실에서 다 같이 창밖을 내다보면서 꿈과 낭만을 불태웠기 때문이 아닐까 한다.

고교동기동창에게 내 시집을 주소를 아는 데까지 추가로 보냈다. 반응은 동기동창이라서 그런지 몰라도 너무나 뜻밖이었다. 그런데 학창시절 절친 이었던 한 친구가 부산에서 전화가 왔다.

"우리가 부산에서 동기모임을 하는데 모두들 너에게 한번 가보고 싶어 한다."고 하면서 차례로 전화를 바꾸어 준다. 전화이지만 반가움보다 설렘이 앞선다. 대충 안부를 얼버무려 놓고는 답을 했다.

“그래 한번 놀러 오너라.”

아무런 준비도 없이 말을 하고 보니 걱정과 설렘이 반반이다. 그러고 보름이 지난 후 동창 4명이 강릉으로 올라왔다. 물론 그중에는 여자동기도 있었다.

그들이 오면 어디어디에 구경시켜주겠다고 생각만 해도 흐뭇했기에 대충 챙겨서 버스터미널로 마중을 나갔다. 막상 만나고보니 그 옛날 눈에 익었던 얼굴들이 아직 그대로 생생하게 살아남아 있었다. 그러나 처음부터 움직이는 차량이 펑크가 나 기분을 잡쳐서 미안하기도 하고 쑥스럽기도 하였다. 그러나 그들은 나에게 전혀 무안을 주거나 쑥스럽도록 가만히 내버려두지 않았다.

그날 밤 우리는 술과 커피를 나누면서 반세기 동안 묻어둔 과거부터 현재까지를 되돌러 가며 거침없이 연속상영을 하였다. 누구누구는 어디에서 어떻게 살고 있고, 누구는 언제 어디서 만났는데 어떻게 달라졌더라는 등이다. 그리고 어떤 은사님은 어떠했고, 어떤 선생님은 언제 보았다는 등 궁금증 보따리를 주워 담을 수 없을 만큼 풀어헤쳤다.

간간히 자식자랑도 하고 남편자랑도 하고 어렵게 살아온 과거를 스스럼없이 서로에게 털어놓는다. 보통 때에는 짜증날 일이나 이날에 나눈 이야기들은 모두 구수한 누룽지 맛이나 고소한 참깨 같았다.

오는 첫날은 강릉 바다를 비롯하여 경포 일원을 안내하고 다음 날은 동계올림픽이 열린 용평스키장 등을 안내하였다. 평소 나는 봄눈을 매우 싫어한다. 왜냐하면 겨울마다 눈치기가 몸서리치도록 지겨웠기 때문이다. 그러나 그들은 '발왕산' 정상의 잔설을 만지며 누워 보기도 하고, 뭉치어 눈싸움을 하는 천진난만한 소년소녀로 돌아가는 것이 신기하기도 하였다. 그리고 그 모습에서 평소 느껴보지 못한 무한한 희열을 맛 볼 수 있었다.

예정된 코스를 반도 못가고 헤어질 시간이 다가오고 있었다. 허겁지겁 돌아치다 보니 점심도 제대로 먹이지 못하고 김밥을 대신 손에 들려 보내고 보니 마음이 한없이 무겁다.

세월은 우리를 늙게 만들지만 우리의 만남은 아직 청춘임을 실감케 하는 한편의 드라마와 같았다.

"친구야! 부디 오래오래 건강하게 살아서 다시 만나자."

이 말만 주고받으며 잡았던 손을 놓고 온 길을 되돌려 보내는 내 마음은 달밤에 홀로 하늘을 헤집는 기러기를 닮아갔다.

강 서방 이야기

인류의 역사는 언제부터 시작 되었을까?

어떤 모습으로 진화되어 왔을까?

생활사는 어떻게 변천되었을까?

지금도 수많은 인류학자나 고고학자와 사회학자들이 심취되어 세계 방방곡곡을 누비며 혼신의 노력을 다하여 연구하고 있다. 최초생활발달사에는 활, 창, 도끼를 사용하여 야생동물을 포획하고 그것으로 생명을 유지하던 원시시대가 있었다. 그때의 생활습성이 이어져 오늘날에 레저스포츠에서 큰 몫을 차지하고 있는 것이 사실이다.

여기서 어릴 적 아주 심취되어 진지하게 들었던 이야기의 기억을 더듬어서 꺼내볼까 한다. 그렇게 하자니 부끄러운 나의 가정사가 얼굴을 약간 들려내야 할 것 같구나.

아버지는 다섯 살이 되던 해에 부모를 모두 잃으셨다. 혈혈단신으로 친척집에 덤으로 얹혀살았다. 눈칫밥은 물론이고 주변 사람들의 눈총을 살펴야만 했다. 늘 눈 밖에 나지 않으려고 성실하고 착하게 열심히 살아오셨다.

운명은 늘 진눈개비에 짓눌린 대나무 숲이었다. 무엇이던 순탄하지 못하고 고달픈 역경들이 무섭게 따라 다녔다. 아버지의 슬픈 운명은 세상 밖으로 밀려나지 않고 다람쥐 쳇바퀴처럼 돌고 돌았다.

상처(喪妻)를 두 번이나 당하신 아버지이다. 효도 한다는 의미와 자신과 동생들을 위한다는 뜻에서, 나는 세 번째 어머니를 스스로 찾아서 모셔와야만 했다.

나의 생모는 옛날 말로 제처로 들어와 딸 하나와 6형제를 낳아 후손의 번영은 이루었다. 그러나 역시 단명하여 자식들을 문 밖으로 내 보내지 못하고 제비새끼처럼 남겨두고 일찍 세상을 떠나셨다.

살아계실 적 내 어머니는 먼저 떠나신 큰어머니께 속죄라도 한다는 의미인지? 아니면 자식들의 훗날을 염려해서 그랬는지? 그리 멀지 않는 거리에 있는 큰 외가에 대하여 아주 각별한 집념과 섬김의 철학을 가지고 계셨다.

명절 끝이나 기제사가 있는 날이면 어머니를 따라 나는 큰 외가에 갔다. 갈 때마다 홀로되신 큰 외할머니의 사랑을 독차지하였다. 그러자니 자연히 그쪽 사람들로부터 사랑과 귀여움을 한 몸에 받았다.

큰 외가에 갈 때마다 나를 귀엽고 사랑스럽게 여기시던 아주 특별한 또 한분이 있었다. 그분은 때로는 밤중까지 때로는 새벽이 다 될 때까지 옆에서 앉거나 누워서 이야기를 들려주시던 '강 서방'이란 분이다. 그분은 인물도 잘났지만 입담 역시 뛰어났다. 지금 생각하면 꾸며낸 이야기지만 그 당시는 너무나 의아하고 신기하였다.

그분은 큰 외가의 이종사촌 누나 남편으로 내게는 이종사촌 매형이 된다. 우리 집에서는 낮은 아리랑 고개만 넘으면 그분의 집이 있다.

그때 들었던 강 서방의 이야기는 대충 이러하다.

"조선시대의 호피 값은 대단히 비싼 값에 팔렸다. 그래서 유명하다는 전국 포수들은 호피를 구하기 위하여 너도나도 위험을 감수하고 강원도로 몰려들었다. 경상도 어느 포수가 화성 총을 메고 망태기(새끼로 짠 배낭)에 찹쌀 누룽지를 넣고 금강산 골짜기로 들었다. 포수는 산 높고 골 깊어 가도 가도 끝이 없는 길을 걷고 또 걸었다. 드디어 어느 날 어두움이 들 때, 한 노파가 살고 있는 막장 오막살이에 도착하여 하루 밤 묵기를 청했다. 노파는 이렇게 말했다.

"포수양반 어디에서 오시는 길이요?』"

"경상도 양산에서 왔어요.'"

"이골에는 들어가는 포수는 보아도 나오는 포수는 보지 못했소. 포수양반, 그만 이곳에서 주무시고 돌아가시지요."

그러나 다음날 새벽 포수는 자신의 총 솜씨만 믿고, 노파 말을 무시하고 무조건 골짜기로 들어갔다. 그러나 그 역시 돌아오지는 않았다.

이것이 그 첫 번째 이야기다.

"칠년대한 가문 날에 먹을 것을 얻기란 하늘에 별 따기였다. 초근목피(草根木皮)로 연명하다 못한 경상도 어느 시골 청년이 정 안되면 머루다래라도 따먹을 요량으로 강원도를 찾았다.

깊은 산골을 며칠 동안 헤매다 보니 가지고 온 쌈짓돈도 다 떨어지고 빈 털털이 신세가 되었다. 다시 집으로 돌아가려니 부모 형제와 동네사람들 볼 면목도 없고 채면이 말이 아니었다. 생각다 못한 청년은 이곳에서 잘 산다는 집에 머슴으로 들어가게 되었다.

하루는 바지게를 지고 주인을 따라 나섰다. 주인은 가파른 산길을 헤치고 올라 능선부에 있는 화전 밭으로 갔다. 밭가로 누렁 호박이 볼기짝처럼 모습을 드러내면서 많이도 익어 있었다. 주인과 머슴은 바지게에 한가득 호박을 쌓았다. 주인과 머슴은 조심조심 급경사를 얼마쯤 내려왔을 때 그만 비탈 자갈길에 미끄러져 하나도 남김없이 호박을 모두 쏟고 말았다. 그 호박이 아직도 굴러 내려오고 있다."

이것이 두 번째 이야기인 것이다.

이 이야기를 들은 지가 벌써 환갑이 훨씬 넘었지만 생생하게 기억의 한 구석을 차지하고 있다. 그때 그 강 서방이 몹시 그립고 보고 싶으나 가는 세월 못 잡아 이제는 무덤에서 아직도 누군가에게 그 이야기를 들려주고 있을 것이라 생각하니 그분이 무척 보고 싶어진다.

이럴 수가

텃세가 우물 안에서 어석된다.

타향에 사는 사람은 서럽다. 그들을 두고 토박이들은 뜨내기, 객지사람이라며 마치 외계인 취급을 한다.

괴나리봇짐은 아니더라도 달랑 가방 하나 들고 반세기 전쯤 이곳으로 날아왔다. 나 역시 외계인 취급을 받았다. 그래서 그런지는 몰라도 나이가 들수록 자꾸만 고향 가까이 가고 싶어진다. 막상 고향에 가보면 반겨줄 부모님 대신 허물어져 가는 빈집만 볼 상 사납게 옛날을 지키고 있을 뿐이다. 죽마고우(竹馬故友)는 뿔뿔이 흩어져 소식이 뜸하다.

집안에 장손인 내게 남겨진 것이라고는 부모님이 사셨던 빈집과 조상의 산소가 있는 산이 전부다.

예로부터 마을 근처나 들 가운데 홀로 외로이 있는 산을 두고 야중임

(野中林)이라 하였다. 이들 대부분은 묘소 아니면 밭으로 개간되고 일부는 그늘이 있어 마을 노인네들이 즐겨 찾는 쉼터로 이용되었다.

7대조부모 합장 산소가 있는 곳도 바로 이런 묘지 산이다. 오래전 이 동네에 살고 계시던 조 씨 어른께서 묘소에 벌초를 하는 조건으로 산소에 딸린 밭을 부치며 관리를 해왔다.

조 씨 어른 외 여러 사람이 토질이 좋은 부분을 밭으로 분할하여 부동산특별조치법이나 농지법에 의거 자기들 소유로 만들어 놓고 세상을 떴다. 고양이에게 생선을 맡긴 격이지. 그나마 척박한 땅 일부를 남겨 놓은 것이 불행 중 다행이다. 남은 부분은 그 동네 여러 사람이 돌려가면서 경작하다가 소득이 별로 없다는 이유로 결국 벌초를 하지 않았다.

관청에서 대리경작을 활성화 한다는 소문이 들려왔다. 또다시 남아있는 땅조차 누구 좋은 일시키는 것이 아닌가 싶어, 생각 끝에 나는 천리나 되는 원거리 농사를 짓기로 하였다. 그런 다음 감나무도 심고 여러 가지 작물을 심었으나 워낙 척박한 땅이라 돈은 돈대로 들어가고 실패에 실패를 거듭 하였다. 또한 묘소 주변의 나무도 계속 손질 하였으나 밭 이웃에서 쓰레기란 쓰레기는 모두 내다버려 발을 들여놓지 놓지 못할 정도가 되었다. 밭 이웃과 싸우고 또 싸우고, 해마다 몇 번을 치우고 품을 사서 정리한 덕에 오늘 날까지 유지되어 왔다.

지난해는 이 밭에 울타리를 치고 강낭콩을 심었다. 심은 지 두 달 후 다시 가니 콩은 무럭무럭 자라서 땅을 숨겼다. 다시 한 달 후 장마가 염려되어 수확코자 갔는데 콩은 보이지 않았다. 울타리를 무너뜨리고 고라니가 뿌리까지 해치우고 그 증표로 발자국만 찍어놓았다.

금년에는 이른 봄부터 고향에 있는 막내 내외를 부추겨 밭을 갈았다. 그리고는 울타리를 아주 탄탄하게 다시 쳤다. 유난히 더운 봄날이라 땀에 젖은 옷소매로 얼굴을 연신 훔쳤다. 실패를 거울삼아 다시 강낭콩을 오밀조밀 정성을 다해 심었다. 일을 마치고 나니 시원한 바람이 불어 기분이 참 좋았다.

빠르게 두 달이 다시 지나갔다.

심어놓은 콩이 잘 자라는지 궁금하여 우리 부부는 먹을 것을 챙겨서 다시 그곳에 갔다. 산들바람이 강낭콩 잎을 흔들어 부채질을 한다. 간지러움을 참지 못한 콩잎은 요란하게 반들거린다.

묘소 옆에 짐을 내려놓고 우선 시장한 속부터 채우고, 조금 쉬었다가 비닐 사이로 돋아난 잡초를 하나하나 뽑았다. 다시 쉴 때가 되어 묘소 주변 그늘에 앉아 가져온 음료수로 목을 적셨다. 아내는 콩잎에 진딧물이 많이 끼었다면서 농약을 치자고 하였다.

곧바로 차를 몰아 꾀 먼 거리에 있는 농협에 가서 진딧물을 죽이는 농약을 구입하여 돌아왔다. 등짐 펌프에 농약을 붓고 물을 채웠다. 강낭콩을 괴롭히는 진디물이 붙어 있는 잎의 앞뒷면에 소나기처럼 살충제를 마구 퍼부었다. 그것도 모자라 분무기 코크를 둘러싸고 있는 고깔로 잎의 뒷면을 문질러 철저하게 진딧물을 박멸시켰다. 그렇고 나니 작년에 피해를 준 고라니에 대한 보복이라도 한 것처럼 속이 시원하였다.

땀도 식힐 겸 잠시 쉬었다. 그리고 천천히 내린 짐을 다시 차에 싣다가 깜작 놀랐다. 차안에 또 다른 농약병을 있었기 때문이다. 농약병을 얼른 집어 들어 돋보기를 걸치고 깨알같이 박아놓은 설명서 읽는다. 그리고는 다시 한 번 놀란다. 몇 번을 들여다보아도 조금 전에 사온 농약병이 틀림없었다.

곰곰이 생각한 끝에 내가 강낭콩 밭에 친 것은 농약이 아니라 차에 실려 있던 강력 제초제인 것이다. 하도 어이없고 속이 상해 멍하니 구름이 머무는 먼 산만 바라본다. 농협과 농약상회에 전화로 물어본다. 제초제를 물로 씻어 내면 살아나는지? 그러나 답은 모두 허사로다.

혼자 중얼거린다. '나도 이제 고물상에 갈 날이 멀지 않았구나.' 옆에 있던 아내도 나를 원망하는 눈치이다. 스스로 마음을 진정시키고 이미 엎질러진 물, 독약 먹은 강낭콩을 다시 살릴 길은 없다고 체념한다.

집으로 돌아오는 내내 마음이 쨍하여 입을 굳게 닫는다. 부부 사이엔 오랜 침묵이 흐른다. 드디어 침묵을 깨고 나는 한 마디 흘려 본다.

"이번 이일은 아무에게도 말하지 말아 다오. 창피해서 못살겠소."

옆에 있던 아내는 나를 겸연쩍게 쳐다보며 어설픈 미소를 지었다.

부끄러운 추억

감성과 합성은 이성을 앞질러간다.

자기들의 의사가 관철되지 않는다고 대부분은 집회의 이름으로 집단 농성이란 반란을 일으킨다. 따라서 집회가 사회를 교란하거나 폭력적 이여서는 아니 되며, 공공의 이익에 반하여서도 아니 된다.

젊음이 어디까지라고 단정 지를 수도 없을 뿐 아니라 이에 대하여는 어느 누구도 명쾌한 답을 내놓을 수는 없을 것이다. 꿈과 희망이 싹트는 세대, 힘과 용기가 넘치는 세대, 겁과 두려움이 없는 세대라고나 할까? 인간이라면 누구나 이런 시절을 한번은 겪는다.

바로 위 선배들이 졸업을 앞두고 막 사회로 나가거나 대학진학 수속을 하느라 어수선한 때이다. 남향의 아늑한 교정은 아직 봄기운이라기보다 겨우 아지랑이가 찾아오는 겨울과 봄 사이쯤 되는 것 같다.

넓고 고요한 교정에 이상한 기운이 감돈다.

어디서 흘러온 것인지, 누가 확인 것인지 아무도 모른다. 얼마 안 있으면 3학년이 될 우리들의 미리 뽑아둔 학생대표들이 교단에 올라가 목청을 높이니 모두들 동조에 나선다.

"학교운영이 실책으로 이런저런 일들이 발생하였습니다. 여러분! 이대로 넘길 수는 없습니다."

"옳습니다!"

"좋습니다. 우리 모두 나갑시다!"

이어서 각 학급 교실마다 똑 같은 현상이 일어난다.

그날 점심식사 후 거침없이 전교생이 스스로 대강당에 모인다. 이 자리에서 학생대표는 단상에 올라 학교 측의 잘잘못을 조목조목 열거하면서 두 손을 번쩍 들어 보인다. 학생들은 웅성웅성하면서 학생대표의 뜻에 모두 동조하는 눈치다.

이때 고등학생들은 대부분 중학교 때 4·19 의거가 일어나 멋모르고 현수막을 들고 시위에 참석한 경험들이 있다.

제일 먼저 우리 반 단임인 B 선생님이 대강당으로 들어오셨다. 그리고는 단상에 올라 좋게 타일러 사태를 조기수습하려고 하셨다. 그러나 뜻을 이룰 수 없게 되자 한발 뒤로 물러났다.

그때는 학교마다 규율담당 선생님이 한 분씩 있었다.

그런데 규율담당 J 선생님이 갑자기 나타나 학생대표들이 있는 단상으로 올라갔다. 카랑카랑한 목소리로 벼락 치듯이 말했다.

"당장 해산하라! 너희들은 학생이다. 학생이 어찌 선생을 배신하고 이게 무슨 짓인가!"

그러나 학생들은 해산할 기미는커녕 더욱더 분노한다. 학생대표단이 단상에서 다시 외친다.

"○○○교장선생님은 물러나라!"

그러자 학생들을 우루~루 단상으로 몰려간다. 학생들은 순식간에 단상을 빈틈없이 점령한다. 학생들은 J 선생님을 내려가라고 단상 아래로 밀친다. 그 바람에 그만 J 선생은 넘어지고 말았다. 이때 학생들 사이에서 누군가가 이렇게 외쳤다.

"밟아라!"

이성을 잃은 학생 떼거리는 너나 할 것 없이 우루~루 넘어진 J 선생님 쪽으로 몰려든다. '궁중심리란 이런 것인가?' 실감이 난다.

학생들은 다음날을 기약하고 일단 해산 하였다. 다음날 이일을 주도했던 우리 반은 등교와 동시 수업을 거부하고, 가방을 들고 학교 앞 제방둑으로 갔다.

쌀쌀한 날씨에 바람까지 불어 모두들 삼삼오오 제방 아래 모여앉아 서로 얼굴을 마주보며 침묵으로 일관한다. 점심시간이 지나서 단임인 B 선생님이 다시 찾아와서 이렇게 설득한다.

"오늘 교무회의에서 여러분들의 의견을 충분히 반영하기로 하였으니 이제 그만 학교로 돌아가자."

애원이 반이 넘었다.

인도의 간디는 무저항으로 영국으로부터 인도를 독립시켰다. 그러나 종교적 갈등을 막지 못하여 파키스탄을 탄생시켰다는 이유 하나로 국민들로부터 칭송받지 못하고 있다는 말을 들은 적이 있다. 그러나 우리는 완전 목적을 달성한 승리자다.

반세기가 훌쩍 넘게 지나간 오늘에 와서 우리들이 저지른 그날의 그 행동이 과연 옳았을까? 다른 길은 없었을까? 하는 의구심을 가지면서 반성하는 기회로 삼아보면 어떨까 한다.

근자에 들어 우리 사회에 수많은 집회가 열리고 그 중에서도 대규모도 상당수 있다. 모두들 국민을 위하고, 나라를 위하고, 민족을 위한다고 포장하여 개인이나 집단의 사사로운 이익을 추구하지 않았는지 한번쯤 생각해 볼 문제다.

호랑이 잡았을까

요즘 들어 공무원의 선호도는 타에 추종을 불허한다.

지금부터 반세기 전에는 공무원이 별로 추앙받지 못한 직업 이었다. 사회적으로 특별한 배경이 없거나 가정 사정이 그리 넉넉하지 못한 그저 평범한 집안의 자식들이 시험을 쳐서 들어가는 곳이었다.

경제개발 5개년계획이 한창인 때라 선호도 1위는 사장소리를 듣는 자영사업이 최고의 직업이고, 그 다음이 공업계통을 전공하여 회사에 들어가 승승장구하여 임원이나 간부가 되는 것이었다.

주변의 지인들 중에도 학벌과 관계없이 그 당시 대 도시로 나가서 밑바닥 장사부터 시작하여 출세한 사람이 많이 있다. 이를 두고 '미꾸라지 용 되었다.'라고 표현하였다. 그래서 시골 청년들이 도회지로 진출하여 다락방 신세를 전전하면서 꿈을 키워왔던 시절이다.

그 당시에는 오늘날과 같은 현실이 올 줄은 감히 상상도 못했다. 나 역시 돈도 끈도 없는지라 가장 쉬운 길을 택할 수밖에 없었다. 그저 시험을 쳐어 합격만 하면 되는지라 여러 직종의 공채시험에 응시하여 이 직장에서 저 직장으로 옮겨 다니는 것이 많았다.

그래서 여기저기를 저울질 해보고 장래성이 있다고 판단되면 멋모르고 뛰어들었던 것이다. 그런데 그 장래성에 대해서 어느 누구도 명쾌한 답을 내놓지 못했다. 그래서 다들 망설이고 또 망설이고를 반복하였다.

나 역시 여기 저기 공채시험을 거쳐 먼저 발령 난 부처에 근무하고 있었다. 그 뒤 시험 친 다른 부처로 부터 합격통지서를 받았다. 그래서 이곳 강릉영림서로 직장을 옮기게 된 것이다.

이곳으로 오게 된 동기는 두 가지다.

첫 번째가 당시 문화재 관리국 소속 경주고적지 관리소에서 산림보호를 맡은 관리원들이 빨간 일제 오토바이를 타고 순찰을 다녔는데 그게 그렇게도 부럽게 보였기 때문이다.

두 번째는 발령통지서를 들고 고향에서 다니던 직장에 사표를 내지도 않은 채, 가까이에 사시던 둘째 외삼촌을 찾아가서 날밤을 지새우며 이래저래 내 처지와 사정 이야기를 진지하게 논의하였다.

새로운 발령지에 갈려니 장남으로 태어나 친어머니 없는 어린 동생들에게 미안한 마음이 들어서 나는 외삼촌에게 의논했다. "외삼촌 어떻게 하면 좋겠습니까?" 묵묵히 듣고만 계시던 외삼촌은 "고민하지 말고 한번 올라가 봐라. 혹시 호랑이라도 잡을지 누가 아느냐?" 하시며 내가 쉽게 고향을 떠날 수 있도록 용기를 주었다.

당시 외삼촌은 알루미늄 그릇을 지고 다니며 장사를 하셨다. 사계절 관계없이 전국 각지를 누비며 산전수전을 다 겪으셨다. 그래서 어느 누구보다도 세상 돌아가는 물정을 잘 알고 계셨다. 나는 한번 가보고 시원찮으면 돌아올 생각으로 그해 추석 무렵 청운의 꿈을 품고 강릉행 3등 열차에 몸을 실었다.

군대 생활을 경기도에서 한 터라 내겐 강원도는 말 그대로 생소하고 낯선 곳이었다. 수없이 많은 기차역을 거쳐서 열차는 통리역을 지나서 도계를 향하고 있었다. 그런데 여기서 갑자기 기차가 멈추더니 도로 뒤로 가는 것이 아닌가? 그것도 캄캄한 터널 속으로 한참 가다가는 잠시 멈춘 다음, 다시 앞으로 가는데 참으로 신기하였다.

터널과 터널 사이로 기차가 잠깐 나올 때마다 차창 밖으로 저 멀리 바다보다 더 깊은 바닥에 한 도시의 야경이 장관이었는데 그것이 바로 지금의 탄광촌 도계이다.

그날 이후 나는 반세기에 가깝게 강원도의 산과 숲, 나무와 풀, 옥수수와 감자, 그리고 후한 인심에 빠져 이곳을 벗어나지 못했다. 때로는 험난한 고비도 넘기고, 때로는 고독과 서글픔에 젖어 무의미한 하루하루를 보내기도 하였다. 그러나 여기서 결혼도 하고 아들딸도 낳고 즐거운 나날을 보내기도 하였다. 그때 내게 호랑이 잡으러 강원도로 가보라 하시던 그 외삼촌도 이미 세상을 뜬지가 20년이 더 지났다.

이곳에서 반세기를 보낸 지금에 와서 나는 과연 호랑이를 잡았을까? 자신에게 되물어 보아도 그 대답만은 벙어리가 되었다.

보살 할멈

까맣게 그을린 아주 오래된 기억 한 보따리를 끄집어내어 다시 깨끗이 닦아 밖으로 내 보내 볼까 한다.

한창 혈기왕성한 무렵, 8남매를 두고 갑자기 어머니가 세상을 떠났다. 슬픔을 추스르지 못하고 자포자기식으로 한동안 방황한 것이 사실이다. 그러든 차에 수양(修養)인지 공부인지를 한다는 핑계로 먹을 것을 짊어지고 집을 나섰다. 찾은 곳은 해발 1,000m 넘는 아주 가파르고 험한 간월산 중턱에 있는 조그만 암자였다

암자는 큰 폭포가 있어 경치가 좋을 뿐 아니라 늘 맑은 공기에 청아한 물소리가 어울러져 신비로운 세상이 펼쳐진다. 특히 솟아오르는 태양을 마주 할 수 있어 아침이면 더욱 운치가 있었다.

가끔 시내(울산)와 부산에서 이곳을 찾는 구경꾼도 있으며 더러는 등산

객과 약초나 산채를 캐는 산 꾼도 보였다. 암자를 찾아오는 불자와 정신 질환자를 데리고 와서 기도와 굿을 하는 용한 무당도 만났다.

암자라 하여 그럴듯한 법당이 있는 것도 아니고 겨우 오막살이 초가 두 채가 전부다. 한 채는 부처님을 모신 법당으로, 여기에는 나이 많은 주지보살과 그에 손자(중), 또 다른 보살들이 기거한다. 다른 한 채에는 불공드리러 오는 불자나 등산객과 구경 오는 사람들이 며칠씩 묵어가는 숙소로 방 2칸 있다. 나는 이중 방 한 칸을 차지하였다.

주변에는 볼록볼록한 잔솔밭이 있고, 그 사이로 조그마한 채마전과 꽃을 심은 화단이 있다. 채마전 둑에는 살구, 복숭아, 자두, 등 과일나무가 심어져 있었다.

여기서 일 년 반이 넘게 지내면서 나는 손수 밥을 지어먹었다. 반찬이라고는 집에서 가져간 된장에다 제철에 나는 채소와 산채로 장국을 끓여먹는 것이 고작이었다. 가끔 불자나 무당이 가져오는 음식을 같이 먹기도 했다. 그 음식의 맛은 정말 기가 막힐 정도였다. 지금도 그때 생각만 하면 절로 입안에 군침이 돈다.

암자생활을 하다 보니 시간이 흐를수록 머리는 점점 맑아졌다. 그러나 일찍 가신 어머니에 대한 죄책감과 어린 동생들에 대한 미안함, 불확실한 미래의 불안감은 반대로 점점 더 커져만 갔다. 그래서 달 밝은 밤이면 건잡을 수 없이 밀려오는 허탈감을 지우기 위하여 아랫동네를 향하여 미친 듯이 소리를 지르기도 하였다.

맑고 깨끗한 가을날, 칠순이 훌쩍 넘은 할머니 한 분이 암자로 찾아와

허드렛일을 해주고 입을 빌어먹게 되었다. 주인 보살은 그 할머니를 '서' 보살이라 불렀다. 그 할머니는 주로 땔감을 해 와서 아궁이를 지피고, 부처님께 공양을 지어 올리는 일과 빨래 그리고 주인 보살의 잔심부름을 하였다.

겨울의 문턱너머에서 다시 찾아오는 이른 봄날이었다. 하루는 그 할머니와 우연히 산등선 넘어 있는 천질바위 밑으로 땔나무를 하러가게 되었다. 잡목들이 한창 물이 오를 때라, 지고 갈수 있는 바짝 마른 가벼운 땔나무를 하느라 덤불에 걸려 여러 번 넘어지고 가시에 찔러 손과 종아리가 엉망이 되었다.

내가 가져갈 땔나무 단을 묶은 다음, 할머니 땔나무 단을 단단히 묶어 등짐을 만들어서 지켜주었다. 둘은 금방 가까워졌다. 앞에서 풀숲을 헤치며 길을 열어주기도 하고 넘어지면 일으켜 세워주기도 하였다. 중간 정도 왔을 무렵이다. "총각~ 좀 쉬어가자." 하시며 할머니는 땔나무 짐을 양달 진 빈터에 내려놓았다.

따스한 햇볕을 받으며 앉은 자리에는 풀과 나무들이 한창 노랗게 삯을 틔우고 있었다. 나뭇가지에는 가끔 산새가 바람에 그네를 타면서 이상한 소리를 지르며 우리를 훔쳐본다.

할머니는 잠시 나를 뚫어지게 쳐다보시더니 갑자기 핏자국이 난 내 두 손을 꼭 잡으시면서 이렇게 말했다.

"총각! 총각이 내아들이였으면 얼마나 좋겠나."

나는 되물었다.

"할머니는 어쩌다가 이런 고생을 하시나요?"

"나도 총각보다 나이 좀 더 먹은 외동아들이 있었는데 병명도 모른 채 시름시름 앓다가 죽고, 며느리는 손자를 데리고 집을 팔아 어디론가 떠나가고, 홀로 떠돌이 생활을 하다가 아는 사람의 소개로 여기까지…."

말끝을 흐리고는 먼 산만 멍하니 바라본다. 어느덧 할머니 눈가에는 서글픈 이슬이 맺혔다. 그리고 둘은 땔감을 지고 힘겹게 암자로 되돌아왔다.

그날 밤은 유난히도 길었다. 할머니의 생각에 통 잠을 이룰 수가 없었다. 자식을 먼저 보낸 비통함, 며느리와 손자에 대한 증오, 남은 생에 대한 절박감, 그 모두를 여기 이 암자에 있는 동안만이라도 잊고 살고 싶었던 것이 아닐까 싶어서다.

되돌려 받을 길이 없어도 좋으니, 죽은 아들을 대신하여 내 이 후진 가슴이라도 빌려가서 살아있는 동안이라도 평안하시기를 빌었다.

차창 밖에는 사계절이 수직으로 한눈에 보이고,
목동들의 요들송이 가슴을 녹이는
피리 소리와 어울려 장관의 하모니를 이룬다.
산허리 곳곳마다 목가적 풍경이 아름다움을 더하고
푸른 초원 위에 펼쳐진 동화 같은 풍경,
그 곳에서 풀을 뜯는 소떼와 양떼의 여유로움에 흠뻑 젖는다.

3부

깨달음의 언덕

황금이 뭐 길래

여름이 가까이 오느라 날씨는 제법 덥다.

하루해는 하지를 지나, 가는 길이 점점 짧아지고 대신 온 세상이 푸름으로 점점 진해진다. 책을 펴보지만 푸념이 가까이서 낮잠만 부른다. 그저 하루하루 그럭저럭 허송세월이 바람에 구름처럼 지나간다.

여러 날, 먼 친척집 잔치에 들락거리며 밤낮으로 장가 온 새신랑의 발바닥을 치며 기름진 고기에 술만 잔뜩 퍼 마셨다. 그래서인지 명치 밑이 탄탄히 굳어 겨우 물만 넘기는 특수 나이롱환자가 되었다.

일만 하시는 아버지 보기가 민망하고 죄스러워 논물이라도 본다고 새벽에 집을 나섰다. 푸른 7월의 아침 햇살이 내려앉는 벌판을 지나 산 밑에 있는 다랑논으로 맥없이 걷는다. 그리곤 물골을 보는척하다가 고무신을 끌며 옆 산으로 오른다.

산이라 하지만 숲이 허술하고 맨살에 골까지 파인 낮은 민산에 가깝다. 배고픈 아침이지만 밥 생각은 잊은 지가 오래다. 건강을 회복하려고 잔솔밭을 헤매고 있던 순간 무엇인가 햇살에 반사되어 반짝거리는 물체가 눈에 들어왔다.

내 속에 잠자던 호기심이 발동하여 나무꼬챙이를 꺾어 반짝이는 것이 보이는 땅을 천천히 파기 시작했다.

보라색이 짙어 검정색으로 보이는 물체는 육각형으로 끝이 드라이버를 닮은 작은 밤톨만한 자수정(옥)이었다. 하나씩 진흙을 뒤집어쓰고 얼굴을 내 밀었는데 그것을 호주머니에 가득 채우고 반나절이 다 되어서야 집으로 왔다.

아침밥은 아예 건너뛰고 옷에 묻은 흙을 대충 털고 곧바로 대문 밖 우물로 갔다. 물을 퍼 올려 대야에 담고 헌 칫솔로 가져온 것들을 깨끗이 씻어보니 진보라색상이 선명하게 빛을 발한다.

씻은 것을 빨랫돌 위에 올려놓고 손을 씻었다. 그 사이 동네친구의 큰형이 우물가를 지나가면서 돌 위에 올려놓은 자수정을 보고 내게 이렇게 물었다.

"동생, 그것 어디서 캤니?"

나는 숨김없이 아주 진지하게 모두를 상세히 설명하였다.

"동생~, 그러면 내일부터 나와 같이 캐면 어떻겠냐?"

나이가 훨씬 많을 뿐 아니라 평소 존경하는 친한 친구의 큰형이라 무조건 믿고 그렇게 하기로 하였다.

그 후 자수정에 대하여 여기저기에 상세히 알아보았다. 자수정은 보석 중에도 가장 값이 비싸고, 특히 돈 많은 일본 사람들이 선호한다는 것을 알았다. 또한 전문으로 캐러 다니는 사람이 많다는 사실과 읍내에는 중간 매매상인도 있고, 가공하여 본국으로 직접 보내는 일본인 사업자도 있다는 사실을 알게 되었다.

이미 같이 캐기로 결정한 터라 그 형이랑 아무도 모르게 삽과 괭이 그리고 복령 캐는 쇄창을 가지고 그곳으로 갔다. 간단하게 먹을 점심을 챙기고 숨어서 그 놈을 캐기 시작하였다.

그기는 바로 그 형네의 종중산으로 바로 위에는 윗대조상 산소가 있었다. 사람들은 평소 이곳을 풍수지리상 명당줄기인 '백호'등이라 불렀다. 그래서 어느 누구도 감히 손댈 수 없는 곳이었다.

원래 자수정은 아주 오랜 옛날 지각변동으로 열을 받아 용암이 굳어서 투명체로 형성된 것이다. 지질 구조상 단층 속에서 일정하게 '층계'란 집을 짓는데, 이것을 열면 통째로 질 좋은 보석을 얻는다.

반면 기존 집이 지각변동 또는 천재지변으로 무너지고 흐트러져 흙 속의 여기저기에 그대로 굴러다니는 것도 있었다. 이것을 두고 말 그대로 흐트러진 자수정이라고 하였다.

자수정은 아주 높은 강도를 유지하고 있어 잘 깨어지는 성질이 있으며 따라서 아주 조심스레 다루어야 한다. 보통 색의 진함에 따라 가치가 달라진다. 그러나 아무리 색이 잘 들었다 하더라도 깨어져 금이 간 것은 아무런 쓸모가 없다. 이를 두고 얼이 갔다고 하는데, 일단 얼이 가면 다

각으로 가공하여 빛을 모아 색을 발하도록 하는 과정에서 부스러져 못쓰게 된다. 그래서 쇄창으로 얼이 가지 않게 조심조심 하나하나 캐야한다.

그때 그 자수정은 고스란히 집이 보존된 것으로 얼도 가지 않고 색도 진한 최상품으로 아주 진귀한 것이었다.

이틀째 캐는 날 점심 때 쯤, 어떻게 소문이 났는지 그 형 집안의 사위와 읍내에 사는 건달이가 함께 왔다. 쇄창으로 엎드려 캐고 있는 그 형의 등을 찌를 듯이 겨누었다. 자기들에게 캔 물건을 넘기라고 협박하여 어쩔 수 없이 일부를 넘겨주기로 하고, 읍내에 따라가 고주망태가 되도록 술을 퍼마셨다.

하루하루 캔 자수정은 둘만 아는 장소에 확인 보관하고 각자의 집에는 절대로 가지고 가지 않기로 하였다. 캐는 장소는 우리 집에서 6~700m 떨어진 낮은 산의 소 능선부로 큰방 뒷문만 열어도 바로 보이는 곳이었다.

3~4일 캐고 나니 여름에 접어든다고 소나기를 동반 굵은 빗방울이 하루종이 내리더니 밤까지 이어져 고스란히 하루를 공쳤다. 이날따라 밤이 깊어갈수록 비는 하염없이 쏟아졌다. 뒷문을 열고 하늘을 쳐다보면서 언제쯤 비가 그칠까, 내일은 다시 캘 수 있을까, 조급한 마음에 그곳을 바라보았다. 억수 같은 빗발 사이로 희미한 불빛 하나가 사막의 신기루처럼 눈에 들어왔다.

며칠 사이 누가 그곳을 알고 도둑질이라도 하는 것이 아닌가 싶어 나는 급하게 비옷을 챙겨 입었다. 손전등과 몽둥이를 가지고 성치 않는 몸으로 단숨에 그곳에 당도하였다. 한두 번 헛기침을 한 후, 몽둥이를 들고 한발 한발 가까이 다가갔다.

'이게 웬 일인가!'

놀란 토끼 눈을 하면서 전등을 비추니 다름 아닌 같이 캐던 그 형과 형수님이었다.

"형님 왜 이러세요."

"내가 장난 좀 쳤다. 너무 곡하게는 생각지 마라."

그 형은 나를 달랬다.

형수는 등불을 들고 형은 자수정을 캤던 것이다. 그것도 비가 억수같이 쏟아지는 칠흑 같이 어두운 밤에 감히 상상조차 못 할 일이 벌어진 것이다.

견물생심(見物生心)이라더니 하도 어이가 없어 멍하니 서있는 사이에 형과 형수는 장구(도구)를 챙긴 다음, 캤다는 것을 내 보여주면서 말했다.

"이것이다. 네가 보관하여라."

"그것은 형님이 캔 것이니 형님이 가지세요."

나는 한사코 받지 않았다.

황금에 눈이 멀어 약속도 신의도 체면도 다 져버린 웃지 못 할 일을 겪고 나니 내게는 커다란 교훈 하나가 따라 왔다.

그것은 바로 '황금은 욕심을 부린다고 따라 오는 것이 아니고 소유 할 자의 양심을 보고 따라 온다.'라는 것이다.

그 후로 나는 헛된 욕심에 대하여 여유를 가질 수 있게 되었다.

가족에 스며든 행복

어느 해 초가을 스위스 여행을 한 적이 있다.

인터라켄에서 빨간 산악열차를 타고 융프라우로 가는 길이다. 열차는 좀 특이한 점이 있다. 고속이 아니고 아주 저속으로 여유를 피우는 것이 멀리서 바라보면 누에가 섶으로 올라가는 것과 흡사하다.

아늑한 객차 안은 저마다 특유한 언어나 몸짓으로 눈길을 집중시키는 인종 전시장이다. 백·황·흑 이외에도 중간색도 있고, 남녀노소 모두 각양각색을 나름대로 자랑한다.

산새울음에 산울림이 어울러 오합잡탕소리를 내면서 의사소통을 한다. 그뿐만 아니라 인간 세상의 애정, 우정, 감동과 감탄이 저마다 달라 혼란이 최고도에 이른다.

차창 밖에는 사계절이 수직으로 한눈에 보이고, 목동들의 숨은 요들송이 가슴을 녹이는 보이지 않는 피리 소리와 어울려 장관의 하모니를 이룬다. 산허리 곳곳마다 목가적 풍경이 아름다움을 더하고 푸른 초원 위에 펼쳐진 동화 같은 풍경, 그 곳에서 풀을 뜯는 소떼와 양떼의 여유로움에 흠뻑 젖는다.

내가 앉은 맞은편 좌석에는 30대 중반으로 보이는 젊은 부부가 초등학교에 2~3학년으로 보이는 아들딸과 함께 진을 친다. 무엇이 들어있는지 모르겠으나 부인 옆에는 주황색 남자의 등산배낭과 깔 자리, 그리고 먹을 것이든 조금 큰 들 가방이 배가 부른 상태에서 묵묵히 자리를 지키고 있다.

남자는 무릎이 반쯤 열린 허름한 청바지에 때가 살짝 묻은 두터운 잠바에 후미지게 실금이 보이는 목이 긴 군화를 신었다. 여자는 무릎에 인공이 가미된 역시 청바지에다 색상이 가을을 닮은 오버블라우스를 입고 낡아 귀가 약간 터진 굽 낮은 가죽신발을 신었다. 오빠로 보이는 남자아이는 값비싼 것은 아니고 그저 수수하고 깨끗한 체크무늬 옷에다, 단단하고 수명이 길어 보이는 운동화를 신었다. 동생 같은 여자아이는 단정한 머리에 꽃핀을 꼽았고, 예쁜 무늬 옷을 입고 가볍고 통통한 신발을 신었다.

애들은 엄마에게 예쁜 재롱으로 기대며 눈짓을 하지만 엄마는 별 반응이 없다. 그러나 아빠는 아이들 애교에 좀이 쑤시는지 일어났다 앉았다 사족을 못 쓴다. 자식이 아닌 친구처럼 옆구리를 꾹꾹 찔러가며 놀자 한다. 이 가족은 주변 눈치를 전혀 관심 밖에다 걸어두고 늘 사랑의 미소와 웃음을 달고 있다.

그들은 차림새나 행동으로 보아 오랜만에 가족나들이를 나온 것 같았다. 아버지와 애들의 대화나 행동은 할아버지와 손자손녀가 장난을 치는 것과 흡사하고, 어머니는 인자하고 현명한 가정법원의 여판사처럼 행동하였다.

낙농업이 주업인 이곳 목가들은 이웃이 먼 거리에 있는 관계로 자연히 가족단위 문화가 형성되어서 그런지 몰라도 무척 순수해 보였다. 그리고 가족 서로의 이해와 배려에서 풍기는 것이 우리의 수직적 가족관계와는 너무나 대조적이다.

또한 아이들 아버지 손에서 삶의 자화상을 느낄 수 있다. 오늘날의 유럽에서 이런 가장(家長)이 있다는데 절로 고개가 숙여진다. 왼쪽 손 장지가 반이 없고 마디가 굵고 단단하게 굳은살이 박혀있는데, 70이 넘는 농사꾼 손보다 더 험하여 애처롭고 가슴이 찡한다. 그러나 그들은 너무 너무 행복해 보인다.

행복의 척도가 금전 쪽에 치우쳐 세상 모두가 돈으로 보이는 우리의 현실과는 너무나 큰 차이가 있다. 나는 잠시나마 무거운 마음에 짐을 그들 옆에 내려놓고 같이 행복해 지고 싶다.

앵무새가 우는 까닭은

흔히들 말 잘하는 사람을 두고 '변호사'라고들 한다.

반면 잘 생긴 젊은 여자가 참새 떼거리 보다 더 잘게 재잘거리는 것을 두고 '앵무새'같다고 한다. 실제 앵무새가 말을 따라 한다면 우리는 기분이 어떨까요?

지구상에는 약 1만여 종의 크고 작은 새가 있다.

그 중에서 우리가 일상으로 기르고 있는 새로는 단연 앵무새가 으뜸이다. 앵무새 중에서도 기르기가 쉽고 재롱을 잘 부리는 호주산 왕관 앵무새를 최고로 친다.

왕관 앵무새는 대략 30cm 미만의 작은 크기에 노랑, 하얀, 그리고 분홍과 하얀색이 섞인 깃털을 가진 것들이 있다. 그들은 모두 귀엽고 앙증맞다. 또한 성격이 온순하고 지능지수가 높으며, 감각이 발달하여 언어구사 능력이 뛰어나 주인 마음에 들게끔 착 달라붙어 애교를 부린다. 그래서 동서고금을 망라하여 탐정소설이나 무협지에 단골메뉴로 자주 등장한다.

옆집에 사는 영아네는 윗대에서부터 자손이 귀하여 가까운 일가친척이 없다. 그러나 조상으로부터 물려받은 재산이 많아 동네에서 알부자로 통한다. 그래서 영아는 엄마의 배속에서부터 공주처럼 귀한 대접 받았다. 더욱이 영아 이후로 동생이 없자 엄마 아빠는 물론이고 할아버지 할머니의 예쁜 노리개로 혼자 사랑을 듬뿍 받으며 자랐다.

영아네의 넓은 거실 한가운데에는 언제부터인지 정확히 모르지만 길들여진 작고 예쁜 앵무새 한 쌍이 있다. 그 앵무새는 사람의 말을 아주 잘 따라한다. 그리고 작고 동그란 알을 낳아 품어서 꾸준히 새로운 생명을 단생시켰나. 그리하여 새끼들을 이웃이나 지인들에게 무상으로 분양하였다.

앵무새의 후대가 영아 집안과는 달리 무척 번창하였다. 그로 인하여 요즘 분양받은 사람들 때문에 전화통에 불이 난다. 그들의 습성이나 기르는 방법을 묻는 전화가 하루에도 수십 통이 걸려 와서 영아 엄마는 앵무새처럼 수다를 떨어야 한다.

영아는 유치원을 막 졸업한 어린아이이다. 돌아오는 봄이면 초등학교 입학을 기다리고 있다. 가끔 영아 아버지가 영아를 안고 밖으로 나오는데 앵무새 한 쌍도 어깨 위에 올라앉아 집밖으로 따라 나온다. 때론 영아 아버지 손바닥에 올라앉거나 허공으로 날아올랐다가 다시 오기도 한다.

영아 아버지가 "이리 오너라." 하면 이들도 "이리 오너라." 음색조차 똑 같이 복창을 하면서 다시 어깨 위에 올라앉는다. 영아가 못마땅하여 "응~응"하고 울면 "응~응"하고, "싫어~싫어"하고 생떼를 쓰면 "싫어~싫어"하고, 옆에서 "이제 그만 울어!"하면 "이제 그만 울어!"까지 목청을 하나도 틀리지 않고 그대로 또렷하게 따라한다.

구전된 이야기이지만 잘 훈련된 앵무새가 있는 집에 초상이 나서 상주가 손님을 받으면 곡소리를 내었다. 마침 구석 천장에 매달려있던 앵무새가 상주와 똑같이 곡을 해 손님들이 '또 다른 상주가 있구나.' 하면서 소리 나는 방향으로 절을 하였다고 한다.

영아네 앵무새는 원조 호주산이다. 닭처럼 머리에 벼슬을 달고 있어 왕관 앵무새이다. 영아 네가 자손이 귀하다 보니 온 가족이 이 앵무새를 손자처럼 지극 정성으로 훈련을 시킨 덕에 영리한 그들이 탄생한 것이 아닌가 싶다.

모든 동물이나 가축은 훈련도 중요하지만 자기를 잘 보살펴 주고 사랑해 주면 주인에게 복종하는 천성을 가지고 있다. 비근한 예로 승마 경기에 있어 말이나 밭갈이 하는 소, 주인대신 집 지키는 개에서 그 천성을 확인할 수 있다. 그들 중에서 앵무새는 말까지 따라하니 참으로 영리한 놈이 아닌가 싶다.

영아가 유치원을 졸업하고 초등학교에 들어갔다. 곧잘 떼를 쓰던 영아가 차츰 밝고 명랑한 어린이로 변하여 울음소리가 사라졌다. 그 대신 이때부터 영아네 집안에서는 매일 웃음소리가 늘어날 뿐 아니라 똑같은 웃음소리가 복창되어 흘러 나와 더 화목한 가정이 되었다.

우리는 살면서 남에게 좋은 말만하고 살기란 정말 어렵다. 그러나 어디선가 앵무새가 듣고 따라 한다고 가정한다면, 여러분은 어떻게 말을 해야만 할까요?

여기서 나는 비로소 깨달았다. 앵무새가 우는 까닭을….

깨달음 하나

나의 고향은 전형적인 농촌으로 대대로 벼농사를 지었다.

쌀을 시장에 내다 팔거나 애지중지 키워온 소를 팔아서 애들 학자금이나 가용 돈을 충당하였다. 간혹 대학생을 둔 가정은 생활터전인 전답을 팔아서 등록금을 마련하기도 하였다.

우리 집은 그리 넉넉한 편은 아니었으나 부모님께서 워낙 부지런하시고 알뜰하여 먹고 살 정도는 되었다.

나는 통학을 하면서 공부와 농사일을 열심히 했다. 공부가 잘 안 된다는 핑계로 고교 3학년 때부터 3km가량 떨어진 외갓집 동네에 할머니 혼자 사시는 집에다 공짜 방을 얻었다. 낮에는 학교에, 저녁에는 이집에서 공부하고 밥은 외가에서 먹었다.

외갓집도 큰 외삼촌의 사업 실패로 살림이 어려웠다. 삼시 세끼 보리

밥에다 된장찌개에 콩잎 쌈을 먹거나 아니면 열무김치와 풋고추를 된장에 찍어 먹는 것이 전부였다. 그래도 그 밥이 어쩜 그렇게도 맛이 있었는지 반세기가 지난 지금도 그 생각만 하면 입안에 군침이 돈다.

졸업이 보름도 채 남지 않은 어느 날, 외할머니께서 찾아 오셨다. "장꾼한테 들었는데 네 어미가 많이 아프다니 한번 올라 가봐라."고 하셨다.

학교를 마치고 해가 저물 무렵 집으로 올라갔다. 큰방 문을 열고 들어서니 촛불을 켜고 아버지가 유명하다는 박수무당을 불러와서 북과 징을 치면서 굿을 하고 있었다. 희미한 촛불 아래 아랫목에 누워 있는 어머니는 앙상하고 초췌했다. 옆에는 갓 태어난 남동생이 똘똘하게 누워 있었다. 어머니는 내손을 잡으면서 강하지는 않았지만 아주 무겁게 나를 꾸짖었다.

"나는 괜찮다. 어서 가서 하던 공부나 해라!"

그 후 보름이 지났다.

이른 새벽 외갓집에서 다짜고짜로 집으로 올라가 보라는 연락이 왔다. 예감이 이상하여 곧바로 달려가 방문을 열고 보니 아버지는 보이지 않고 누나와 어린 동생들이 어머니 시신 앞에서 울고 있었다. 칠도 다가지 않은 막내는 시신 옆에 누워 젖 달라고 울고, 다섯 살인 지금의 막내 동생은 눈을 멀뚱멀뚱하면서 들어선 이 형을 쳐다보았다.

나는 울음조차 나오지 않아 멍하니 정신을 놓고 있다가 한참 지나서야 겨우 정신을 차렸다. 누나로부터 어머니가 돌아가신 상황을 대충 들었다. 결국 졸업식도 참석 못한 채 어머니 장례를 치러야만 했다.

누나와 나는 태어난 지 얼마 안 되는 동생을 키워 보겠다고 우유대신 미음으로 밤낮을 교대하며 지극정성을 다했다. 영양실조로 뼈만 남은 동생은 끝내 어머니 곁으로 갔다.

문제는 이때부터였다. 두 번이나 상처한 아버지는 기구한 자신의 팔자를 원망해서인지 이전처럼 일을 하지 않았다. 끼니도 거르면서 사랑채에서 말없이 하루를 보내는 날이 점점 많아졌다.

누나도 언젠가 시집을 가야하고 어린 동생들과 집안 형편을 감안해서 누나와 상의 끝에 새어머니를 모셔 오기로 결정하였다.

우리 집 형편으로 쉽게 들어오려는 분이 하늘 밑에는 없었다. 수십일 수소문 끝에 이웃 아주머니 소개로 한 분이 들어오셨다. 알고 보니 점(占)을 치는 분으로 긴 담뱃대로 담배만 피우고 살림에는 애당초 관심이 없었다.

어린 동생들의 장래를 위하여 도저히 안 되겠다 싶었다. 궁리 끝에 무논에 모를 심는데 누나와 짜고 빠르게 심은 후 흙탕물이 벤 못줄로 속도가 느린 새어머니에게 물을 먹였다. 새어머니는 그길로 보따리를 들고 집을 나갔다.

그 일이 있은 후로 아버지는 아예 사랑에서 나오시지 않으셨다. 누나와 차례로 밥상을 들고 가서 잘못했다고 아무리 빌어도 소용이 없었다. 결국 집을 나가시겠다고 보따리를 싸고 계신 것이 아닌가.

어쩔 수 없이 다시 누나와 나는 여러 날 여기저기 수소문 하며 헤맨 끝에 아주 좋다고 할 만한 어머니 한 분을 모셔왔다. 마을잔치도 하고 옷가지와 선물도 마련하였다. 우리 집에 오신지 3일 만에 친정을 다녀오신다기에 여비와 선물을 챙겨주면서 꼭 돌아오시라고 신신당부하였다. 그러나 그분 역시 그길로 돌아오지 않았다.

그 후의 아버지의 모습은 독자의 상상에 맡겨 봅니다. 이때 나는 '효자불여악처(孝子不如惡妻)'란 큰 깨달음 하나를 챙겼다. 그 다음 마지막으로 모셔온 어머니는 끝까지 사시다 돌아가셨다. 이분은 어린 동생들을 키우시며 끝까지 어려운 집을 지켜왔다. 난 그분께 늘 감사한 마음으로 지금껏 살고 있다. 오늘이 바로 그분의 기일이다.

감사하는 마음

봄과 가을은 온 가족이 단란하게 나들이를 즐길 수 있는 계절이다.

직장생활을 하는 내게는 그와 반대로 늘 악몽 같은 계절이다. 왜냐하면 그 놈의 산불 때문이다. 그 놈은 왜 하필이면 놀기 좋은 봄가을에만 찾아오는지 얄밉고 원망스러웠다. 그래서 나는 가족에게 늘 미안하고 죄스러움을 안고 살아야 했다.

가족들의 의사를 사전에 물어, 덮지도 춥지도 않는 여름에서 가을로 가는 편안한 시기에 좋은 날을 골라잡았다. 체력단련을 한다는 셈치고 모두 큰마음을 먹고 다함께 설악산 대청봉을 오르기로 하였다.

모두 쉬는 일요일, 각자의 등산 배낭에 김밥과 음료수 그리고 가벼운 덧옷을 챙겨 넣었다. 코스는 비교적 쉽게 정상에 오를 수 있는 한계령에서 능선을 타기로 하였다.

이제 막 붉은 비단옷으로 갈아입을 채비를 하는 나뭇잎들이 바람을 타고 안개비를 헤치면서 살랑살랑 흔들린다. 익을까 말까하는 머루랑 다래는 떨어질까 두려워서 철봉에 매달려 아이처럼 용을 쓴다. 낯선 손님에 혼쭐난 산새는 무엇이 그리도 야속했는지 고산의 적막을 깨고 달아난다.

높이 갈수록 길은 좁고 험하다. 집을 떠날 때 멀쩡하던 하늘이었는데 갑자기 머리 위로 먹구름이 몰려든다. 급기야는 안개에 이슬비까지 내리면서 날씨가 추워져 한기가 파고든다. 오후 1시가 넘어서야 겨우 대청봉에 이른다.

정상에는 회색의 안개비에 심술궂은 바람까지 몰아쳐 자리를 펴고 앉을 곳이라곤 없다. 겨우 바위틈에 쪼그리고 앉아서 꿀맛 같은 김밥점심을 번개같이 해치운다.

양양과 속초 양방향에서 올라온 등산객들도 거의 비슷한 시간에 도착하였다. 그들도 삼삼오오 모여 앉아 가지고 온 점심을 먹으면서 빗속에서도 웃음판을 펼쳐 놓는다.

시간이 갈수록 날씨는 점점 더 기세를 부린다.

비가 심하게 오기 전에 기념사진이나 한판 박아볼 요량으로 '대청봉'이란 표석 앞에서 아들과 딸을 앞에 앉히고 뒤에는 우리 내외가 섰다. 아내와 나는 번갈아가며 카메라 셔터를 누른다. 그러다 보니 늘 렌즈 안에는 3명밖에 없다.

언제 부터인지 몰라도 그리 멀지 않는 거리에서 한 노부부가 우리가 사진 찍는 모습을 유심히 바라보고 있었던 모양이다. 등산 온 사람치고는 유달리 잘 차려입어 눈에 띄게 돋보였다.

노부부는 보기가 하도 딱했는지 가까이 오시더니 사진을 찍어 주겠다기에 순순히 카메라를 맡겼다. 우리 카메라로 2판을 찍은 다음 노부부가 가져오신 카메라로 다시 2판을 찍고 나서 할머니는 이렇게 말을 이었다.

"참 보기 좋다. 우리 아들딸들은 모두 미국에서 살고 있다. 이것도 좋은 인연이 될지 모르겠다."

노부부는 쪽지에 주소와 전화번호를 적어 주셨다. 덩달아 우리도 주소와 전화번호를 적어 주고 나서 각자의 갈 길을 따라 헤어졌다.

하산이 늦어져 어둠이 내려앉자 등산로는 왔다 갔다 하는 손전등 불빛과 겁에 질린 짐승처럼 고래고래 질러대는 소리를 질러대는 등산객의 아우성이 뒤섞여 매우 혼잡스럽다. 무거운 발길로 겨우 버스승강장에 도착하였으나 연결시간이 맞지 않아 택시로 7번 국도에 가서 겨우 버스에 올랐다.

차에서 나는 아들딸에게 이렇게 말했다.

"오늘 대청봉 등정은 앞으로 너희가 살아가면서 어려울 때마다 용기를 줄 수 있는 좋은 계기가 될 것이다."

그 말이 끝나기도 전에 모두 깊은 잠이 들었다.

다음날 대청봉에서 촬영한 사진을 뽑으려고 동네 사진관을 찾았다. 촬영한 사진은 안타깝게도 조작의 잘못으로 단 한 장도 뽑을 수가 없었다. 또 다시 대청봉을 갈 수 없는지라 그 기분은 상상하기조차 싫은 소태맛이었다.

그 후 무엇을 잊어먹은 것처럼 찜찜하게 두서너 달이 지나갔다. 그런데 어느 날, 집으로 낯선 등기우편물이 날아왔다. 궁금하여 겉봉도 보지 않고 내용부터 열었다. 뜻밖에도 대청봉에서 우리에게 사진을 찍어 준 노부부가 사진과 함께 쪽지를 넣어 보냈다.

"사진이 잘 나와서 보낸다."

얼마나 고마운지, 전화번호를 찾아서 답을 하였다.

"어르신 고맙습니다. 두고두고 잊지 않겠습니다."

그때 그 사진은 액자 속에 들어앉아 거실 벽에 붙어서 꼼짝달싹 않고 지금도 우리 가족을 내려다보고 있다. 드나들면서 액자 속 사진을 볼 때마다 노부부에 대한 감사의 전화를 올렸다.

"어르신 오래오래 건강하게 사세요."

생전에 부모님에게도 안한 인사말을 자주 전하곤 하였다. 그렇던 어느 날, 폰을 눌렀다.

"이 번호는 없는 번호입니다."

상냥한 여자 목소리만 똑똑하게 반복적으로 흘러 나온다.

그럴 수 있을까

가끔 예상치 않는 일이 일어나 놀란 토끼 눈이 된다. 어쩌면 그를 수가 있을까? 의문은 수사반장 머리를 맴돌고 있다가 문득문득 밖으로 튀어 나온다. 그를 때면 인생을 사는 것이 허무하게 느껴질 때도 있지만 참 잘 살고 있다는 생각도 하게 된다.

속담에 "쥐구멍에도 볕들 날이 있다. 하늘이 무너져도 솟아날 구멍이 있다."는 말이 있다.

오래전 한 건물 안에 사무실과 관사 그리고 당직실이 같이 붙어 있는 최 일선 산림기관인 '보호구'라는 곳에 근무하면서 관사에서 쪽방살림을 한 적이 있었다. 시내에서 작은 살림집 구하기도 어렵고, 야간 비상사태에 긴급 대치하라는 뜻에서 베푼 특혜이다.

눈을 뜨면 출근이고 잠들 때까지가 모두 근무시간이었다. 그렇다고 잠자는 동안 교대근무도 없다. 산불과 도벌은 물론이고, 불법산림훼손이 발생하지 않도록 바람막이 역할을 하는 곳이다.

사무실은 복잡한 시내 중심도로변 있었다.

첫 딸을 낳은 후 5년 만에 나는 이 관사에서 귀한 아들을 얻었다. 시내라지만 산부인과는 한곳 밖에 없었다. 새벽에 해산하고 입원실 관계로 저녁에 퇴원을 해야 했다. 고향이 멀리 있는지라 이웃집 아주머니를 불러 미역국을 끓이게 하고, 시간 나는 대로 좀 돌봐 달라고 부탁하였다.

그런데 생각지 못 했던 문제가 발생한 것이다. 어디서 힘이 난 것인지 갓난애가 울고 또 울고 24시간 그치지 않았다. 낮에는 사무실 직원들에게, 밤에는 당직자에게 미안하다기보다 민망할 정도였다.

참다 참다 못해 생후 3일된 갓난 애기를 들쳐 업고 태백에서 제일 크다는 석공장성병원을 택시로 날렸다. 의사가 "갓난 애기 때는 잘 운다." 고 하면서 야들야들한 손대기 힘든 귀 윗부분에 주시기를 꼽은 채 잠재워 보라고 하였다. 그것도 말과는 달리 헛수고였다. 귀한 아들이 태어나서 기뻐하기도 전에 어찌할 바를 몰라 발만 동동 굴렀다.

상상만 해도 어이없는 일이었다. 대책도 없이 보고만 있자니 마음만 답답하였다.

그때 문득 가까이 사는 6촌 처형이 생각나서 온 김에 전화를 했더니 처형은 없고 동서가 받았다. 병원에 온 사정을 자세히 이야기 하였더니 "걱정이 되겠다. 내가 지금 그쪽으로 갈 것이니 조금만 기다려라." 하기에 "저가 그쪽으로 갈 것이니 잠시만 기다려 주십시오."

택시로 아내와 애기를 집으로 보내고 나 혼자 6촌 동서네 집으로 갔다. 한참 동안 서로 대화를 나눈 끝에 동서는 권하는 투로 말했다. "동서 그렇지 말고, 내가 잘 아는 용하다는 점쟁이가 있으니 밑지는 셈치고 한번 가 보자." 하기에 "그럼 어디 한번 가 봅시다." 물에 빠진 사람 지푸라기라도 잡는다는 심정으로 얼른 대답을 하고 잽싸게 동서를 따라 나섰다.

점쟁이는 산비탈에 있는 작은 함석집에 살고 있었다. 쪽방은 신령을 모시고 단칸방에 혼자 살았다.

40이 조금 넘어 보이는 깔끔하고 우아한 여자 분이었다. 복채로 3만원을 놓고 자초지종을 상세히 아뢰고는 애원을 하였다.

"어떻게 좋은 방도가 없겠습니까?"

"잘 오셨습니다. 한번 두드려 보시지요."

"굿을 하자는 겁니까?"

"그게 아니고 빌어 보자는 것입니다."

"저는 사무실과 붙어있는 좁은 관사에 살고 있습니다. 더욱이 바로 옆에는 경찰서 지서가 있어 두드린다는 것은 어렵습니다."

"소리 안 나게 할 겁니다."

그 말을 듣고 집에 돌아와서 아내에게 점쟁이가 한 말을 그대로 반복하니, 아내는 반신반의 하면서도 워낙 답답한지라 그렇게 해 보자고 동의하였다. 점쟁이가 시키는 대로 시장에 가서 시루떡, 3실과 3색 나물, 술과 포, 밥과 냉수, 초와 향을 준비하여 상을 차렸다. 약속한 저녁 7시에 정확히 동서와 함께 찾아왔다.

점쟁이는 가지고 온 징을 이불로 덮고 두드리며 주문을 외웠다. 정말 바깥으로 소리가 나가지 않았다. 약 시간 정도를 그렇게 하였다.

그런데 이상하게도 주문을 반 정도 외웠을 때쯤, 아기는 깨어날 줄 모르고 깊은 잠에 빠져 흔들어 깨워도 소용이 없었다. 정말 기적 같은 일이 일어난 것이다.

"정말 용합니다. 고맙습니다."

인사를 반복하면서 상위에 차려놓았던 술을 동서와 나, 점쟁이 셋이서 모두 비웠다. 취기가 약간 오른 상태에서 점쟁이는 나를 유심히 바라보더니만 말을 이었다.

"금년 중에 좋은 일이 있겠네요."

"무슨 일이 있겠어요?"

"승진합니다."

"정말 그렇게 된다면 내손에 장을 지지겠습니다. 그리고 크게 한턱내겠습니다."

현 직급에 승진한지도 얼마 안 되고 위로 아직 여러 사람이 학수고대하고 있는데, 그런 말을 듣고 보니 하도 어이가 없어 무심결에 내뱉어 본 것이다. 아니나 다를까 그날 이후로 아기도 울지 않고, 그 해가 다갈 무렵 실지 승진을 하여 강릉으로 이사를 했다. 하도 신통하여 그곳으로 출장 간 김에 일부러 시간을 내서 점쟁이를 다시 찾아갔다. 그러나 점쟁이는 재혼하여 멀리 여행을 가고 없었다. 가지고 간 선물만 이웃집에 맡기고 돌아섰다.

그로부터 5년의 세월이 흘러 내게 어려운 일이 또 생겼다. 다시 그 점쟁이를 찾아갔다. "이제는 선생님(神)이 나를 떠나서 효험이 없으니 돌아가십시오." 하면서 한마디로 문전박대 당했다.

삶의 여정(旅情)

7년 전 어느 날 우연히 가족 하나가 늘었다.

우리 집 2층에 사는 아주머니로부터 '페르시안' 족보의 고양이 새끼 1마리를 무상분양 받았다. 서울에 사시는 2층 아주머니 이모 댁에서 기르던 것이 새끼 5마리를 낳았는데, 모두 기르기 힘들어 3마리를 우선 강릉에 가져온 것이다. 그중 1마리는 2층에서, 다른 1마리는 아주머니 지인 댁에, 그리고 남아있는 제일 늦게 태어나서 작고 못생긴 녀석이 우리 집으로 왔다.

우리 집 고양이는 '복돌이' 2층 고양이는 '아롱이'로 각각 성별 따라 남자와 여자이름으로 불러졌다. 자라면서 복돌이는 몸집이 커지고 아롱이는 털만 길어져 사내아이와 계집아이가 자라는 모습과 흡사 닮았다.

봄날이면 따뜻한 담벼락 밑 양지에서 둘은 자주 만난다. 똑같이 목줄에다 똑같은 방울을 달고 있다. 긴 끈에 매달려 복돌이가 2층으로 올라가기도하고 아롱이가 아래층으로 내려오기도 하였다.

복돌이는 우리 집에 오자마자 곧바로 정관시술을 시켜서나 아롱이는 가정형편상 그렇지 못하여 그만 시기를 놓치고 말았다.

하루를 두고 처음 만날 때는 서로의 애정표현으로 스킨십부터 하는데 보기가 민망 할 정도다. 그러나 곧바로 권투선수가 글러브를 낀 것처럼 앞발을 들고 서로에게 잽을 날린다. 거세게 아롱이가 앙탈을 부리면 복돌이는 슬며시 피한다. 이렇게 둘은 아래 위층에서 몇 년을 아무 탈 없이 잘 지냈다.

2층은 낮이면 직장과 학교에 가느라 공휴일이 아니면 늘 아롱이 혼자 집을 지킨다. 그러나 복돌이는 우리 부부가 집을 비우는 일이 극히 드물어 주인의 사랑을 듬뿍 받았다. 또한 아롱이는 겨울이면 냉방에 홀로 지내야 했고 반면 복돌이는 따뜻한 안방 아랫목을 차지하면서 편안하게 지냈다.

먹는 것은 별로 차이가 없었지만 이렇게 서로 살아가는 환경은 많은 차이가 있었다. 그래서 그런지 몰라도 둘의 성격도 온순함과 과격함으로 변하여 갔다. 둘 중 하나가 어쩌다 탈출이라도 하게 되면 서로를 잊지 못하여 밤낮 가리지 않고 서로 살고 있는 창문 앞에서 몇 시간씩 꼼짝 않고 기다리곤 하였다.

겨울이 찾아왔을 때쯤 뜻밖의 일이 벌어졌다. 2층 아롱이가 털이 많이 난다는 이유로 100m 정도 떨어진 할아버지 내외가 사는 집으로 이사를 해야만 했다. 할아버지 역시 아롱이가 털이 많이 빠지고 더럽다는 이유로 그만 아롱이의 집과 화장실 그리고 먹이통을 앞마당에다 내놓고 밖에서 지내도록 하였다. 목줄을 풀어주는 대신 아롱이가 달아나지 못하게 대문은 물론이고 담장과 울타리의 빈틈을 모두 막았다.

복돌이는 위험을 감수하면서까지 차도를 두 번이나 지나서 귀신같이 아롱이가 있는 곳을 찾아갔다. 그리고는 아롱이가 살고 있는 집주변을 오랫동안 돌면서 기웃거리다 서로 소리로 통화를 대신하고 돌아오곤 하였다.

겨울이 간다는 입춘이 지날 무렵, 여러 날 매서운 추위가 계속되었다. 아롱이는 밖에서 추위를 견디다 못해 무작정 탈출을 시도한 끝에 어렵게 성공하였다. 할아버지 내외는 미운 마음에 아롱이를 찾지 않았다. 짧게나마 아롱이는 마음 끝 자유를 누리며 한동안 거리를 누볐다. 가끔 복돌이에게 찾아와 눈칫밥도 먹고, 밤이면 자기가 살았던 2층 창가에서 울며 밤을 새우기도 하였다.

아롱이는 어느 날 밤 추위를 참지 못하고 이웃집 가게의 연탄창고에서 찬바람을 피하면 몸을 녹였다. 그리고 곧 잠이 들었다. 이른 아침 가게 주인이 연탄을 갈려고 창고 문을 여는 소리에 놀란 아롱이는 정신없이 튀어나와 도로를 가로질러 달아났다.

순간 달려오는 차에 부딪쳐 그만 생을 마감하였다.

할아버지는 아롱이가 먹다 남은 먹이와 화장실모래를 복돌이에게 가져다 주고 갔다. 할아버지 역시 마음이 편하지 않으신지 씁쓸한 뒷말을 남겼다.

"아롱이는 차에 치어 죽었다." 그 후 복돌이는 밖에 나갈 시간만 있으면 아롱이 모습을 찾아 할아버지 집 주변을 뱅뱅 돌다가 맥없이 돌아오곤 하였다. 형제이자 친구인 유일한 짝을 잃은 복돌이는 아롱이를 오래도록 못 잊어 그리워한다는 것을 직감으로 느낄 수 있었다.

사람이든 동물이든 같은 여건에서 태어났지만, 현실과 운명에 따라 각기 다른 삶을 살 뿐만 아니라 생의 마감도 달리 하는구나 싶어 마음이 씁쓸해 진다.

두주불사

술은 아주 멋지고 화려한 마약이다.

'그 친구 말술이야!' 이때 쓰는 말이 두주불사(斗酒不辭)이다. 술을 사랑하는 사람을 애주가(愛酒家)라 한다. 바꾸어 말하면 술을 좋아하고 즐기며 아무리 먹어도 기분만 좋을 뿐 추태를 부리지 않는다는 것이다.

체질에 따라 술을 잘 받는 이를 두고 '술꾼'이라 하고, 반대로 술을 전혀 먹지 못하는 이를 두고 '밀밭에만 가도 취한다.'는 말들을 하곤 한다.

술은 먹는 알코올에 향이 가미된 것이다. 알코올의 포함량에 따라 도수가 정해진다. 마신 알코올 양에 따라 취기가 달라지며 따라서 기분도 다르다. 그래서 멋진 마약이다.

술은 기후풍토와 종족기질, 시대에 변천에 따라 많이 다르게 변질하여 왔다. 중국 북부와 러시아와 같이 추운 지방에서는 고량주나 보드카 같은 독주를 선호하고, 유럽에서는 양주 같은 독주를 얼음물과 함께 음미하고, 반면 비교적 순한 와인과 맥주도 동시에 즐긴다. 열대지방으로 갈수록 더운 날씨를 감안하여 도수가 낮은 술을 즐겨 마신다.

우리의 전통술은 곡물로 빚은 텁텁한 서민 술인 막걸리(탁주) 즉 농주와 주정으로 만든 소주, 그리고 증류주로는 정종이 대표적이다.

민족성과 지역에 따라 술 먹는 방법과 주도가 다르다.

와인과 양주를 먹는 서양에서는 연인과 함께 벽난로가 있는 카페나 산장에서 은은하게 향을 즐긴다. 어른과 상사와 같이 먹을 때, 친구나 동료와 같이 먹을 때, 손아래 사람에게 술잔을 줄때의 주법이 상대나 장소에 따라 각각 다른 것을 볼 수가 있다.

흔히 술을 두고 좋고도 나쁜 음식이라고 한다. 그래서 술을 좋은 쪽으로 생각하여 '술은 어른 앞에서 배워야 한다.'라는 말도 있다. 또한 술은 좋은 인연을 가져다주는 매개체 역할을 하는 뜻에서 회사마다 멋있는 술 상무가 따로 있다. 반면 나쁜 쪽으로 생각하면 술을 먹고 괜히 남과 시비를 한다든가, 추태를 부리는 주사가 있는 사람도 있다. 그래서 옛날부터 술을 같이 마셔봐야 그 사람의 본성을 알 수 있다고 하였다.

로마신화 '디오니소스'에는 술에 대하여 이렇게 말 하고 있다.

"술의 신은 포도주 신으로 다산과 풍요를 이미 하나, 반면 기쁨과 광란, 황홀경을 만드는 신이기도 하다. 또한 그는 죽었다 다시 살아나는 부활의 신으로 자인함과 즐거움이 공존하는 도취와 쾌락의 신이기도 하다. 그래서 그리스 신화에 나오는 식물의 성장을 관장하는 '리베르'신이라고도 한다.

'디오니소스'가 원하는 것은 단지 도취에 빠져 동물적 본능이나 흥분을 분출시키는 것이 아니고, 황홀경을 일으키는 창조적이 있어야 한다고 하였으면, 창조성이 결여된 도취는 객기이며 방종이다." 라고 했다. 이는 술에 대한 성격을 가장 적절히 표현 하였다고 볼 수 있을 것이다.

우리나라에서는 시인 '조지훈'이 '주도유단'에 주도를 18단계로 나누었다. "그 열 번째 단계가 애주(愛酒)로 술의 진미를 아는 사람으로 1단이고, 열한째 기주(嗜酒)로 술의 진미에 반한 사람으로 2단이다. 열두 번째 객주(客酒)로 술의 진미를 터득한 사람으로 3단이다. 그 위로 폭(暴), 장(長), 현(賢), 성(聖), 폐(癈), 마지막이 9단으로 열반 주(涅槃 酒)라 하여 술을 마시는 순간 이미 다른 세상에서 마시고 있는 사람이라 하였다."

따라서 술은 먹는 시간과 장소, 조건에 따라 비약이 심하다. 우선 단을 따기 위해서는 돈과 시간이 필요하였다고 하였다.

나 역시 젊은 시절 직업상 술 상무 역할과 대민 관계상 청탁 불사(淸濁 不辭), 원근(遠近), 주야(晝夜), 생사(生死), 출처(出處), 남녀(男女), 노소(老少), 안주 불문(按酒 不問)하고 술을 많이 마셔야만 했다.

또한 술과 여자, 즉 기생과 주모 문화가 전해져 술자리에 여자가 있어야 술 맛이 있다고 하여 주색(酒色)이란 말도 생겼다. 심지어는 '제사 음복술도 형수가 부어야 맛이 있다.'고 하는 성 차별적 말까지 생겨났다.

술이 많이 취하면 대부분 사람들은 말도 많고 탈도 많다. 나라고 어찌 실수가 없었겠습니까. 한때는 술에 취해 집을 못 찾아 노인정에서 밤을 새운 경우도 있고, 경찰을 두들겨 패고 파출소에서 의자에 묶어져 바지에 지도를 그린 적도 있었다.

한때 탄광촌 사택은 출입문이 비슷비슷하여 병반(밤중 교대반)한 광원이 피곤한 몸도 풀고 목에 걸린 무연탄가루를 배출시키기 위하여 돼지비개에 막걸리를 많이 마셨다. 한잔 한잔하다가 그만 만취하여 자기 집에 간다는 것이 옆집에서 잠을 자고 다음날 갈라서는 부부도 간혹 볼 수 있었다.

그동안 내가 마신 술은 12톤 트럭으로 한 트럭이 넘었으면 넘었지 모자라지는 않을 것 같다. 그래서 퇴직 후 곧바로 병으로 폐주(廢酒)에 들었다가 요즘은 마지못한 자리에서 한두 잔만 한다. 그러나 젊은 시절 폭주(暴酒)한 것에 대하여는 나이가 들수록 점점 후회가 깊어진다.

때늦은 후회

"일직 일어난 새가 벌레를 잡는다."는 속담이 있다.

예로부터 닭울음소리에서 날이 밝는다 하였거늘, 홰를 치며 목을 길게 빼고 꼬기~오~하면 그 소리가 십리를 깨운다고 하였다.

새나 곤충의 먹이사슬의 구조를 보면 살아남기 위해서 자기를 잡아먹는 상위 계층의 것들로부터 안전하게 몸을 숨길 수 있어야 한다. 다음은 자기들이 먹이가 많이 있어야 한다. 곤충이 새에게 잡아먹히지 않으려면 아침 이슬이 내리기 전에 일어나 숲속을 찾아 숨어야 하고 그곳에서 배를 채워야 한다.

이른 봄부터 늦은 가을까지 나도 그들처럼 건강을 찾아 일찍 일어난다. 논밭을 지나고 산을 넘어 저수지가 있는 곳까지 왕복 6Km를 산책해야 하기 때문이다.

벼들이 무성하게 자라는 6월 어느 이른 새벽이다. 논두렁 풀숲에서 풀잎을 붙잡고 용을 쓰며 허물을 벗는 메뚜기 한 마리가 보였다. 하도 신기하여 정신 줄을 놓고 가만히 들려다 보다가 갑자기 생각이 동한다. 이들의 생활사를 자세히 관찰해 보자.

애벌레에서 긴 뒷다리부터 서서히 허물에서 안간힘을 다하여 묘하게 빠져나온다. 다음은 앞다리, 몸통, 머리 순으로 빈 껍질만 남기고 밖으로 완전히 탈출한다. 드디어 메뚜기의 형체가 완연하게 드러난다. 거기까지 그리 긴 시간이 필요치 않았다. 그리고 덤불속으로 급히 숨는다. 아마도 천적들에게 잡아먹히지 않기 위하여 태어나자마자 필사적으로 38선을 넘어 탈출한 것이다.

곤충 분류상 메뚜기목에는 여치, 귀뚜라미, 곱 등이 있다. 그들 중에서 당연히 메뚜기가 으뜸이다. 메뚜기는 수십 종이 넘으며 우리나라에서 흔히 볼 수 있는 것은 섬서구메뚜기와 방아깨비이다.

대부분의 곤충은 비슷하게 여러 개의 짧은 앞다리와 2개의 긴 뒷다리를 가지고 있다. 특히 뒷다리로는 자기 몸의 6배를 넘게 뛸 수 있으며, 날개가 있어 뛰고 날고 하여 뛰는 놈 위에 나는 놈이 된다.

벼논에 농약을 치면서부터 메뚜기는 물론이고 개구리, 미꾸라지, 골뱅이(우렁이) 등이 삶의 터전을 잃고 서서히 살아졌다. 그리하여 농약을 치지 않은 곳에서는 그들이 살판난 것처럼 떼거리로 설치고 있다는 것을 알 수 있다.

그들은 잡식성으로 식단을 가리지 않고 독이 없는 풀이라면 뼈다귀만 남기고 모조리 먹어 치운다. 그래서 호주나 아프리카에서 살인적인 그들의 떼거리 때문에 골치를 앓는 기사가 종종 나온다.

늦은 가을이 되니 산책길 옆 논 밭둑에도 쑥부쟁이 꽃이 보라색 옷을 차려입고 가을바람에 한들거리며 예쁘게 춤을 춘다. 코스모스도 고추잠자리의 방문을 받고 앙증맞게 흔들어 댄다.

가을의 맛으로 메뚜기를 기름에 튀기면 최고급 맥주 안주가 된다. 단백질이 풍부하여 식용 또는 약용으로 쓰인다. 그 맛에 어릴 때 많이 잡았으며 특히 도시락 반찬에 멸치대신으로 메뚜기가 최고였다.

오늘은 그놈을 잡아 볼 심사로 빈 음료수 병 하나를 챙겨서 집을 나섰다. 이슬에 신발을 적시고 논두렁에 들어서니 풀숲에서 잠자던 그놈들이 떼거리가 날고뛰고 한꺼번에 도망을 친다. 그들 중에서도 나처럼 늙어 도망치지 않고 풀잎에 밀착하여 가만히 있는 놈도 드문드문 보인다. 자세히 들여다보니 큰놈이 작은놈을 업고 가만히 붙어있다. 꼬리에 꼬리를 서로 밀착한 채 꼼짝달싹하지 않는다.

좀 더 정밀조사를 해보니 새끼를 업고 있는 것이 아니고 본능적으로 종족 번식을 위하여 들어내 놓고, 땅주인의 허락도 없이 부끄러운 줄도 모르고 염치없이 짝짓기 행위를 하는 것이다. 그저 평범한 곤충과는 달리 올라탄 작은 것이 수놈이고 업고 있는 큰놈이 암놈이란 것이다. 이놈들의 사랑행위는 쉽게 끝나지 않고 제법 오래간다.

나는 아무른 죄의 의식이나 미안한 마음도 없이 가만히 붙어 있는 놈들만 한번에 2마리씩 모두 잡아 치웠다. 일거양득인 셈이다. 결국 그런

짓을 하는 놈들만 한 병 가득 잡아서 집으로 돌아왔다.

짝짓기가 끝난 암놈 메뚜기는 풀숲이나 땅속에 한꺼번에 많은 알을 낳고 최후를 맞는다는 것을 나중에야 알았다. 그때서야 남의 종 번식을 훼방 논 것이 미안한 생각이 들었다.

왕초의 비애

봄이 남쪽에서 서서히 고개를 넘어 밀려온다.

기다림이 목마르게 타오른다. 두텁게 얼었던 땅거죽이 질퍽하게 녹고 마른풀잎에 새순이 돋는다. 길목을 지키던 가시덩굴도 바람에 움을 틔우느라 몸매가 까칠하다.

집에서 그리 멀지 않는 솔숲 사이 오솔길을 산책으로 하루도 거르지 않고 아내와 함께 걷는다. 지난밤 꿈속의 멋진 청춘드라마가 상쾌한 기분으로 서서히 다가온다. 그래도 꿈이든 현실이든 모든 일은 끝이 좋아야 감명이 깊다.

오솔길을 끼고 있는 작은 골짜기 전부가 3마지기 논이었다. 몇 해 전까지만 하여도 이곳에는 벼를 심었다. 그러나 2~3년 전부터 묵더니 아주 갈대와 쑥부쟁이 등 잡초들이 키를 넘는다.

우리 부부는 평소 조그마한 채소밭을 가지고는 있지만 늘 배가 고파 하나 더 가지는 것이 소원이었다. 아내와 같이 이곳의 묵은 논 일부에 있는 잡초를 말끔히 제거하고 마음에 드는 채소밭을 마침내 일구었다. 경계 울타리를 치고 망을 만들어 열무와 배추 그리고 고추, 상추, 가지, 오이 등의 채소를 심었다.

그런데 우리가 밭을 만드는 것을 본, 주변 사람들이 너나 할 것 없이 일시에 덤벼들었다. 잡초가 무성하던 논을 모두 밭으로 일구는 바람에 전체가 옥토로 변했다. 그리고는 나처럼 망으로 경계 울타리를 치기도 하고 혹은 끈 등으로 구역 표시를 하여 각자의 취향에 따라 채소를 기르기 시작하였다.

이 광경을 조금 높은데서 내려다보니 마치 어릴 때 어머니가 누더기로 기워 덮었던 이부자리 같았다. 형형색색 모양과 색갈이 다르고 채소마다 주인을 닮아 높낮이가 고르지 않았다.

여기에 채마를 기르는 이는 대개 6~70대 여자들이다. 주로 새벽 일찍 나와 밤새 자기의 채소가 얼마나 자랐는지 보기도 하고, 잡초도 뽑고, 물을 주기도 하고, 거름과 비료도 주었다. 그리고 상추, 가지, 호박, 시금치 등의 아침 반찬꺼리와 열무, 배추, 파 등 김치 꺼리를 장만해 갔다.

그런데 이 땅을 연접한 야산 비탈면을 일구어 작은 여러 떼기의 자기 소유 밭을 경작하는 분이 있었다. 환갑이 조금 넘은 아주머니도 할머니도 아닌 어중간한 여자 분이다. 이 여자는 체구가 좋고 눈알이 왔다 갔다 하는 험상궂은 인상이다. 더욱이 목소리가 크고 말이 거칠어 보통 여자들이 보기만 해도 기가 질려 저절로 시선을 피할 정도다.

그 여자는 밉다하는데도 이 밭떼기 저 밭떼기를 아침마다 돌아다니면서 간섭이다. 이렇게 하라 저렇게 하라 무엇은 어떻게 하고, 무엇은 어떻게 하라 하면서 같은 또래 여인들에게 별의 별 말을 거침없이 해 댄다. 그것도 모자라 아침마다 채소밭에 오는 여자들을 자기 밭 길목 공터에 모아놓고 차례로 술을 가져오게 하였다. 그리고는 술을 강제로 마시게 하고 일찍 집으로 가지 못하게 발목을 잡는다.

아내는 운동 삼아 매일 이 밭에 가서 나와 같이 채소를 가꾸어 왔으나 산책 간다는 핑계로 이 소굴에서 벗어날 수 있었다.

한두 달이 지나고 보니 점점 더 행패는 심해지고 포악해져 마치 조폭두목이 아니면 영화나 소설에서 나오는 왕초 같았다. 나와 아내는 그 여자에 걸맞게 '왕초'라는 별명을 붙여 속으로만 불렀다.

왕초는 자기 마음에 들지 아니하면 왕따는 물론이고 거침없이 개별 흠담을 늘어놓아 무안을 주곤 하였다. 그래서 그들 스스로가 일군 밭에서 채소를 제대로 기르지 못하게 방해를 했다. 다 같이 늙어 가는 처지지만 여자들은 왕초가 무서워서 굽실거리는 것이 아니고, 채마를 기르자니 하는 수 없이 따라주고 동화되는 척하는 것이다.

사계절 구별 없이 나는 매주 3~4회를 아침 산책을 하는지라 봄에서 가을까지 왕초의 행패를 아주 통째로 볼 수 있었다.

시계바늘처럼 돌아가는 계절이 원점으로 다시 찾아왔다. "매각 처분코자 하오니 금년 봄부터 여기에 경작하지 말아 주세요. 땅 주인 백"이란 판자로 된 조그마한 알림판이 세워져 있다.

그리하여 누더기처럼 된 채마전 경계 울타리는 모두 없어졌다. 다시 한해가 지나자 이곳은 예전처럼 풀밭이 되고 채마를 하던 여자들은 다시는 나타나지 않았다.

또 다시 1년이 지나고 여름이 되니 잡초는 더욱 무성하게 자라서 채마전은 흔적조차 찾을 수 없었다. 그곳은 초록이 우거지고 뻐꾸기가 속절없이 울어대는 한가한 풍경으로 변했다.

어느 날 아침, 지난 날 왕초가 여인들을 모아놓고 왕초 노릇을 하던 그 자리에 왕초 혼자서 풀이 다 죽은 쓸쓸한 모습으로 멍하니 먼 산만 처량하게 바라보고 있었다.

여기서 나는 "권불십년(權不十年)이니, 화무십일홍(花無十日紅)이요, 메뚜기도 오뉴월 한철."이라는 인생 무상함을 느끼면서 '있을 때 잘해'란 유행가 가사를 혼자 되씹어 본다.

한편으로 왕초가 하던 갑질 형태가 얼마나 어리석고 무모하다는 것을 왕초 자신이 깨닫기를 바라면서 산책길을 재촉한다.

인생 막장에는

얼마나 많이 오는가가 문제지, 누구에게나 삶의 고비는 온다.

괴로움과 우울함이 스트레스로 변하여 가슴을 친다. 과로와 과음에 서 찾아오는 불면증, 아니면 선천적으로 타고난 고질적인 신체구조나, 정신적문제로 일시적으로 발작하거나 쇼크가 일어날 수도 있다.

술~술 잘도 넘어가는 술.

직업관계상 내가 마신 술은 그 양을 측정하기 어려울 만큼 많은 양의 술을 마셨다.

퇴직을 하고 한 해를 넘긴 정월 초 어느 날. 저녁상을 물린 뒤부터 숨이 목까지 차고 가슴이 답답하여 영 기분이 좋지 않았다. 근래 들어 비슷한 증상이 가끔 있었다. 그때마다 잘 다독이면 괜찮아지곤 하여 대수롭지 않게 생각하였다. 그러나 이날따라 예감이 이상하여 밤 9시가 다

되었는데 놀러나간 아들을 불러서 차에 태웠다. 두터운 외투를 챙겨 입고 직접 운전하여 5Km 가량 떨어진 강릉 아산병원으로 달렸다.

평상시에도 추위를 많이 타서 옷을 겹겹이 껴입는 습성이 있다. 이날은 느낌이 좀 달랐다. 갈수록 추위가 더욱 심하게 엄습해 와서 몸을 와들와들 떨면서 숨이 차서 한 손으로 목을 틀어쥐고 간신히 병원 응급실에 도착하였다.

응급실 침대에 누워 링거를 꽂고서도 "숨이 목에까지 차니 빨리 응급조치를 해 달라!"고 소리를 질렀다. 간호사가 혈압과 체온만 체크 할 뿐 응급조치가 없는 사이에 나는 그만 의식을 잃고 말았다. 밤 11시가 다 돼서 정신이 들어 주변을 살펴보니 수술실에서 의사와 간호사 그리고 아내와 아들이 서 있었다. "시술은 잘 되었습니다. 정말 기적입니다."하는 의사의 말을 알아들을 수 있었다.

병명은 급성심근경색이었다. 강릉에서는 아산병원만이 이 시술을 할 수 있고 시술할 수 있는 의사도 딱 한 분밖에 없었다. 이날따라 시술할 의사가 시내로 저녁모임을 갔는데 연락이 되지 않아 시술이 늦어진 것이다.

시술 전 의사가 "만약의 경우 잘못될 수도 있으니 알릴만한 곳은 다 알리세요."라고 하여 아내와 아들은 정신없이 대충 알릴 수 있는 곳은 알렸다는 것을 나중에 알았다.

시술 후 곧바로 중환자실로 이동되었다. 여기는 아주 큰 병실을 커튼으로 칸을 막아 사용하고 있었다. 중환자만 있어 그런지 몰라도 여기저기서 신음소리가 나고, 숨을 몰아쉬는 이도 있고, 아예 의식이 없는 환자까지 다 모여 있었다.

이 병실은 경력이 많은 간호사가 환자마다 1명씩 붙어 12시간 교대 근무를 한다. 여기에 들어온 환자는 맨 먼저 자기가 누워있을 자리가 정해진다. 이 자리가 가장 중요하다. 왜냐하면 옆에 있는 환자가 죽을 때가 다 되어 신음소리를 내면 자기도 곧 죽지 않을까? 하는 막연한 공포감이 쌓여 불안하고 두렵다는 것이다. 더욱이 이른 새벽에 흐느끼는 소리라도 들리는 날에는 또 한 생명이 얼음 창고로 가는구나 하는 예감이 온다는 것이다.

다음은 자기를 돌볼 간호사를 잘 만나야 한다. 중환자라면 누구나 생사의 갈림길에서 어떤 간호사를 만나는가에 따라서 위로를 받는 수준이 달라진다는 것이다. 따라서 환자의 심리적 안정에 중요한 영향을 미치므로 아주 중요하다는 것이다.

마지막으로 좋은 의사를 만나야 하는 것이다. 여기서 좋은 의사란 의술이 아니고 환자의 마음을 읽고, 환자가 의사에게 얼마나 의지할 수 있는가에 따라 생의 애착과 여유를 가질 수 있다는 것이다.

대부분 정신이 혼미한 상태가 아니면 위험한 수술이 끝나고 의식회복 상태거나, 아예 이승과 저승을 왔다 갔다 하는 환자들이 있는 곳이다. 응급 시술은 받았으나 정신과 육신이 멀쩡한 나로서는 이곳의 일주일이 얼마나 길었는지 정말 견디기가 힘들었다.

한번은 담당 간호사가 늦은 밤 포대기 하나를 가져와서 옆 간호사 셋을 불렀다. 나를 보쌈이라도 하듯이 포대기를 깔고 그 위로 밀치더니 네

귀퉁이를 들어 침대 옆에 있는 걸고리에 걸었다가 다시 원위치 시켰다. 이상하다 싶었는데 나중에 알고 보니 그것으로 환자의 체중을 체크하였던 것이다. 진료비 계산서를 확인한 결과 그 주가도 매우 높았다.

늦은 저녁이면 간호사들이 여기저기 모여서 야식을 나누어 먹는다. 그 자리에서 각자의 하소연을 들어놓기도 한다. 나이 많은 한 간호사가 "오늘 나는 홍시를 맡았다." 하기에 이곳에도 무슨 홍시가 있는가? 궁금하였는데 이어지는 대화 속에 홍시가 곧 죽을 환자라는 것을 알아차릴 수 있었다.

간호사도 사람인지라 자기가 맡은 환자가 파리나 하루살이처럼 곧 죽어 저승을 간다는데 마음이 편할 리가 없을 것이다. 더욱이 그런 환자가 어린새싹이라면 어떨까 하는 생각이 들었다.

대부분의 사람들은 마지막 저승문턱에서 여기를 찾아오게 된다. 앞은 천길 절벽이고 뒤는 건널 수 없는 강으로 그사이에 홀로 남겨진 마지막 순간의 심정은 과연 어떨까? 인간이라면 한 번쯤 생각해 볼 필요가 있지 않을까? 이 생각 저 생각이 자꾸 머리를 뱅뱅 돈다.

주부 실습생의 고백

한 해가 무심코 노을처럼 저물어 간다.

동장군이 급습하여 빙판길을 만들고, 스타킹을 신은 젊은 여자는 종종걸음으로 가는 길을 재촉한다. 도랑도, 하천도, 장현 저수지도 모두 얼음으로 보일뿐이다. 털외투, 털모자, 털장갑, 털 신발, 온통 털이 잰걸음으로 외출을 한다.

내가 살고 있는 집은 도시에서도 비교적 한산한 곳의 자그마한 단독주택이다. 식구라 해야 달랑 우리 부부와 늘 귀찮게 잔심부름을 시키는 '복돌이'(고양이) 뿐이다.

서울에 사는 딸애가 늦게 무슨 시험을 친다고 자기 엄마를 1주일만 와 달라고 한 달 전부터 우리 내외를 졸랐다. 하는 수 없이 관절염에 걸린 손도 치료할 겸 아내는 짐 보따리를 꾸려 서울로 갔다.

아내는 나 혼자 고생할까 봐 며칠 전부터 마트 출입을 하더니 밑반찬, 야채와 과일을 잔뜩 싸다 넣어 냉장고가 만삭이다. 나는 이왕지사 먹을 것만 챙기지 말고 세탁기도 좀 돌렸으면 좋겠다고 하면서 입던 옷과 양말까지 모조리 벗어 세탁기에 밀어 넣었다. 왜냐하면 이 나이 먹도록 아직 세탁기 돌릴 줄을 모르기 때문이다. 아내는 세탁기를 돌려놓고 떠났다.

아내가 간 첫날은 요리해 둔 음식이 있어 그냥 먹기만 하면 되었다. 다음날부터는 무엇부터 해야 할지 통 감이 오지 않아 주방에서 이것저것 뒤지기만 하였다. 먹었던 식기는 싱크대 안에 쌓이고 전기밥솥에는 밥이 반이나 남아있다.

먼저 설거지부터 하기로 했다. 어제 종일 먹었던 식기와 찌개 냄비며 수저를 세수시키는데도 한참 시간이 걸렸다. 다음은 애들 이모가 보내 준 청국장을 끓이려고 파와 양파를 손질하여 넣은 다음 김장김치도 썰어 넣고 가스 불을 켰다. 찌개가 보글보글 끓고 나는 아침 먹을 준비를 한다. 이것이 나의 첫 작품인 것이다.

평소 아내에게 "음식 좀 적게 하라. 많으면 맛도 없고 두었다가 다시 먹으면 음식점에서 누가 먹던 것을 다시 가져다 놓는 것 같아 좋지 않다."고 둘러대는 습관이 나에게는 몸에 베여있다. 비로소 그게 아니구나 하면서 뉘우쳐 본다.

그럭저럭 혼자 맛없는 아침밥을 먹고 또다시 설거지를 한다. 그리고 차 한 잔 마실 여유도 없이 '복돌이' 먹이 주고, 세수한 후 청소기 돌리고 돌아서니 회중시계가 12번을 친다.

'참 짧기도 하구나.'

'점심은 어떻게 할까.'

혼자 먹으니 입맛도 없고 '애라 모르겠다.' 라면이나 끓일까 망설이다 그냥 끓는 물에 라면을 틀어넣는다. 밖에 묻힌 단지 김치를 꺼내려 간 사이 라면이 끓어 넘치고 말았다. 본래 모습으로 돌려놓기 위하여 한참 혼을 잃고 나니 라면은 퉁퉁 불어서 우동이 되었다. '내가 지은 죄는 내가 받아야 한다.'는 심정으로 억지로 먹어치운다. 설거지에 들어가니 기름기 때문에 잘 씻어지지 않는다. 장거리 전화를 걸어서 해결책을 찾았다.

다음은 그저께 아내가 돌려놓고 간 세탁기에 들어 있는 빨래를 늘어 놓는 일이다. 옥상 빨랫줄에 늘자니 너무 추워서 마르기 전에 얼 것 같아 실내 빨래건조대에 늘었다. 겉옷부터 속옷, 수건, 양말까지 차례로 늘다보니 그것도 보통 일이 아니다.

찬 기온 때문인지 나지막한 담장에 올라앉은 나무분재에서 마지막 낙엽이 떨어져 지저분하다. 빗자루와 쓰레받기를 들고 장시간 추위와 싸운다.

자주오지 않던 손님이 오늘따라 찾아왔다. 손에 사과 봉지를 들고 와서 신세타령을 한바탕 늘어놓는다. 나이 많으신 분이라 커피라도 내 놓을 요량으로 주방에서 잔을 찾으니 마땅치 않다. 좀 큰 컵에 한 봉의 커피를 탔더니 너무 싱거운 같아서 이번에는 두 봉을 탔더니 너무 진한 것 같다. 어쩔 수 없어 내 놓았더니 결국 손님은 커피를 남긴다. '아~ 참 어렵기도 하구나.'

이제 해가 얼마 남지 않아 귀를 싸매고 등산 겸 운동을 나갔다. 돌아오는 길은 어둡고 컴컴하다. 부랴부랴 쉽게 국수로 저녁을 때운다. 또다시 설거지를 하고 내일 먹을 콩나물국을 멸치 넣고 끓여놓는다.

이튿날은 더 바쁘고 그다음 날은 더더욱 바빴다. 그러다보니 밥하기는 싫고 떡, 라면, 국수로 끼니 때우는 것이 점점 늘어났다.

일주일 동안 나는 단 한 순간도 주부실습생에서 벗어나지 못했다.

그런 일이 있은 후부터는 아내에게 반찬타령, 집안일에 소홀히 한다고 빈정거리지 말아야겠다고 다짐해 본다. 그러나 그것이 얼마나 갈지는 지켜볼 일이다.

情만 두고 가더라

얼마 전 정선에 있는 더덕밭으로 갔다. 아내와 나는 더덕 순보다 더 자란 잡초와 씨름을 하였다. 푹푹 찌는 여름날 비지땀이 속옷을 적시고 축 늘어진 바짓가랑이가 양다리에 칭칭 감긴다.

허리를 폈다 굽혔다 하는 할멈의 손자 키 크듯이 웃자란 망초, 땅기운만 맡으면 갈라진 논바닥에 퍼지는 봇물처럼 뻗어나가는 바랭이, 뽑고 뽑아도 죽을 줄 모르는 쇠뜨기, 진한 향기를 뿜어내는 뿌리 깊은 쑥부쟁이, 비듬에 방동사니 그 외에도 이름 모르는 잡초가 하늘 무서운 줄, 땅 넓은 줄 모르고 솟아 쭉쭉 뻗어 가는데 감당이 불감당이다.

따가운 산골 땡볕도 한낮이 지나면서 숨을 죽이고 사그라져 그늘이 생기면서 서서히 식어 간다. 앞산을 기어오르던 햇살은 어느덧 산꼭대기에 걸린다. 이집 저집 굴뚝에는 구름 같은 연기가 피어올라 저녁상을 차리는 어머니 냄새를 풍긴다. 밭모퉁이에는 곤줄박이가 우짖으며 보금자리를 찾고 날짐승들은 먹이를 찾아 살금살금 아래로 내려온다.

고된 하루 일을 정리하려고 하는데, 밭 가운데 있던 아내가 무엇인가 손안에 감싸 들고 "이것 좀 봐요. 참 귀엽다." 하기에 눈길을 돌리니 새끼 산토끼 한 마리가 손안에서 버둥대고 있는 것이 아닌가. 나는 사격장이 총소리처럼 반사적으로 외친다. "산으로 돌려보내라! 기를 수없는 산짐승이다." 그 말은 오랜 산직이 생활에서 터득한 결과다. 야생은 길러봤자 결국은 떠난다는 것이다. 아내는 일단 그놈을 산으로 가라고 내려놓는다.

이를 어쩌나, 달아날 줄 모르는 그놈은 산으로 가는 척 하더니 도로 밭으로 기어들면서 아내가 있는 곳으로 오고 있는 것이 아닌가. 아내는 다시 그놈을 두 손으로 감싸 잡고 농막으로 내려왔다. 혹시나 눈이 멀거나 몸에 상처를 입은 것이 아닌가 싶어 세밀히 관찰하였으나 사대육신은 멀쩡하였다.

아내는 종이상자에 구멍을 뚫고 그 안에 가두어 넣고 강릉 집으로 돌아왔다. 꼼작하지 않고 잠잠히 있던 그놈이 먹이를 주려고 상자를 여니 죽기 살기로 발버둥 친다. 측은한 마음이 들어 상자에 담아 거실에 두고 기르기로 하였다.

낮에는 상자 안 어두운 구석에서 죽은 듯이 있다가 밤이면 두 눈을 동그랗게 뜨고 넣어준 먹이를 몽땅 먹어치운다. 매일매일 배설물을 치워주고 상자를 갈아주니 특유의 토끼냄새도 나지 않았다. 그놈은 하루가 다르게 자랐다. 한 달이 지나니 제법 토끼의 모습이 나타났다.

우리 집에는 7살짜리 '복돌이'란 고양이 한 마리가 있다. 그는 밤이면 아예 토끼 상자 앞에서 보초를 단단히 선다.

어느 날 아침 눈을 뜨자마자 먹이를 줄려고 상자 안을 들여다보니 그 놈이 보이지 않았다. '복돌이'까지 온 가족이 총동원되어 집안을 샅샅이 뒤지며 수색작전을 벌였으나 헛수고 이였다. 끝내는 오후 무렵 '복돌이'가 농짝 구석에서 그놈을 발견하고 눈치를 주는 바람에 잡아다 두 번 다시 나가지 못하게 철사로 만든 토끼집을 사다가 마당 한구석에다 옮겨다 놓았다.

하루는 먹이를 주려고 아침에 토끼집 문을 들여다보니 문이 반쯤 열려있고 역시 그놈은 어디론가 도망가고 빈집만 덩그렇게 있었다. 아내는 몹시 실망한 눈치다. 나는 어찌하든 그놈을 찾기로 결심하고 매일같이 토끼집 주변을 살폈다. 그러나 그놈은 끝내 나타나지 않았다.

가랑비 오는 어느 날 저녁 무렵, '복돌이'가 밖에서 무엇인가 물고 거실로 들어왔다. 처음에는 쥐를 잡아 온 것이라 여겼는데 내 앞에 내려놓고 보란 듯이 꼬리를 치며 소리를 질렀다. 자세히 보니 그것이 바로 집나간 새끼토끼였다. 역시 짐승은 짐승 편이구나 하는 동질감에 아연실색하고 말았다.

가을이 점점 가까워지자 그놈은 더 큰 토끼의 모습으로 변했고 먹이도 밤낮을 가리지 않고 잘 먹었다. 우리 부부는 매일 아침 눈을 뜨면 토끼집 앞에 가서 밤새 소식을 물었다. 그리고는 먹이를 주고 주변을 청소하는 것에 소소한 즐거움을 느꼈다.

어느 날 그놈이 또 사고를 치고 말았다. 밤새 덜 닫은 문을 밀고 줄행랑을 친 것이다. 우리 집은 시내 변두리이나 2차선 포장도로에 접해 있다. 도로 건너편에는 조그만 대밭과 풀숲이 아직 남아 있다. 그놈이 그곳을 갔거니 하여 매일 그곳을 몇 번씩 순찰하였으나 허탕만 쳤다. 그러던 어느 날 이제는 그놈이 제 살 곳을 찾아간 것이라 여기고 흔적이라도 지우자는 의미에서 토끼집을 치웠다.

그 후로 여름이 가을이 되고 가을이 겨울로 변해 가는 순간까지도 우리부부는 토끼집이 있던 곳과 도로 건너 대숲을 기웃거리며 혹시나 하는 심정에서 자식처럼 쉽게 정을 떼지 못했다.

4부

땀에서 희망으로

진정한 머슴살이

먼 옛날 호랑이 담배 피우던 시절로 돌아가 본다.

원시 공동체가 생긴 이후 힘의 원리에 의거 신분차이가 생겼다. 따라서 최상위로는 임금에서 최하위인 노비까지다. 노비는 노비문서가 있어 매매, 증여, 교환 등이 이루어졌다. 또한 사내종과 계집종을 총칭하여 노비라고 하고 이는 대물림을 하였던 것이다. 굳이 서양 사회로 본다면 노예제도와 같다고 할 것이다.

근세에 와서 서구문화가 들어옴에 따라 계급사회는 점진적으로 살아지고, 따라서 넓은 농토를 가진 지주가 영농을 위하여 자연히 일꾼을 고용하게 되었는데 ,고용된 자가 바로 머슴이다. 머슴이 1년 농사일의 품삯으로 받는 것이 새경이다. 춘궁기를 넘기기가 어려울 때는 미리 머슴으로 들어갈 때 돈이나 곡물로 들새경을 받았고 그렇지 않고 나올 때

수확한 곡물을 받는 것을 날새경이라 하였다.

이 머슴에 대한 일화는 넘쳐흐른다. 양반과 계집종의 기막힌 사랑이야기도 있고, 주인집 아씨와 머슴의 불륜 이야기도 있다. 또한 딸을 주겠다고 신나게 부려먹고는 그냥 내치는 주인 영감탱이도 있었다. 안방마님과 머슴이 눈이 맞아 야간도주하는 일도 벌어졌다. 이 모두는 요즘 사회에서도 일어나는 지위나 재력을 이용한 잘못된 사랑 이야기와 맥락을 같이한다.

어릴 적 우리 마을에도 저녁이며 주로 머슴살이 하는 일꾼들이 모여서 노는 동네 사랑방이 있었다. 나도 농사일을 도우면서 학교에 다닌지라 그들과 허물없이 친한 친구로 어울려 지냈다. 겨울이면 새끼도 꼬고 상점에서 술을 사서 함께 즐기기도 하였다.

그 친구들 중에는 돈을 아주 많이 벌어서 부유한 사람도 적지 않다. 그런가 하면 어렵게 주경야독(晝耕夜讀)하여 훌륭한 인물이 된 친구도 있고, 반면에 아직도 살기가 힘든 이도 있다.

일전 고향에 내려가서 초등학교 동기회에 참석한 일이 있었다.

이날 모임 장소는 초등학교 다닐 때는 깊은 산골이었으나 지금은 유원지화 되어 집단숙박시설과 식당들이 늘어서고 2차선 포장도로가 시원하게 뚫려있다. 울창한 숲은 주변을 치장하고 발아래는 유리알같이 맑은 물이 흘러 한눈에 봐도 살기 좋은 곳으로 보인다.

이곳에는 옛날 우리 동네에서 머슴살이 하던 친구가 아직 고향을 지키며 살고 있다. 그는 머슴살이로 알뜰히 돈을 모아 죽을 때까지 농사를 짓겠다고 전답을 하나하나 어렵게 사 모았다.

그 전답에 상가와 숙박 시설이 들어서고 주변이 집단시설지구로 지정되고 보니 땅값이 천정부지로 뛰었다. 따라서 탄탄한 재력가로 명망이 높은 친구가 되었다. 초등학교 동창회를 잠깐 접고 그 친구를 찾았다. 물론 돈이 많다는 이유 때문은 아니다. 반세기 지난 지금 그의 모습이 정말보고 싶었다.

대궐 같은 현대식 기와집에 솟을대문이 눈앞에 들어선다. 시골노인 같지 않는 선비처럼 단정한 옷차림의 남자가 반긴다. 잘 꾸며진 거실로 안내되어 주변을 살펴보니, 험 잡을 곳이 없었다. 그는 정말 부자의 소원을 이룬 것이다.

인생살이 '쨍하고 해 뜰 날 돌아온단다'라는 노래 가사가 번개처럼 스쳐간다. 곧바로 우리는 술잔을 기울이며 옛날로 돌아간다. 겨울이면 산에 올라 땔나무 하고, 봄이면 나물 캐는 처녀들 치맛자락으로 갈풀을 한다. 여름이며 논바닥에 엎드려 기면서 김매는 가쁜 숨소리며, 가을 추수하고 나서 배부름을 같이 하던 일들이 새록새록 싹을 틔웠다.

아주 후한 대접을 받고 그 친구와 헤어졌다. 집으로 돌아오는 길에 나는 이런 생각을 해본다.

'머슴의 역사가 바꾸어 진지가 참 오래구나.'

요즘 TV 전 채널을 독점하다시피 하고 있는 것이 선거유세방송이다. 후보들마다 진정한 국민의 머슴이 되겠다고 외쳐대고 있다. 더도 덜도 말고 누가되던 간에 그 옛날 머슴처럼 일하여 모든 국민이 다 함께 잘사는 부자나라를 만들어 주었으면 참 좋겠다.

나도 그래

둘이 모이든 셋이 모이든 함께 모여서 공감을 이룬다는 것은 좋은 일이 나쁜 일 보다 많다. 모여든 물이 어울러 강이 되고 바다가 되는 것처럼 아주 넓고 깊이 있는 세상이 만들어질 것이다.

바람소리 물소리 시원한 계곡에 자리한 한 카페의 창문가에는 3인의 여자 손님이, 그 반대편에는 3인의 남자 손님이 앉아서 수다와 잡담으로 서로의 공감을 집어삼키며 생각을 틀어놓는다. 먼저 한 여자가 두 여자를 상대로 수다를 떨고 두 여자가 차래로 응답한다.

"우리 남편은 나를 사랑하기 때문에 늘 내 자랑을 늘어놓는다."

"우리도 역시 똑 같아 남자들은 다 그런가 봐."

"어쩜, 그렇게도 우리 신랑을 쏙 빼 닮았을까?"

다음은 반대편에 앉은 제법 잘 생긴 세 사람의 남자가 똑같은 방법으로 진지하게 서로 대화를 엮어간다.

"요즘 우리 집사람은 나를 사랑하느라 정신이 없다네."

"어쩜 그리도 내 와이프와 똑 같나."

"허~참 내 아내도 역시 그러하다네."

이렇게 서로의 의견과 생각이 일치하여 공감이 형성된다면, 속된말로 남편자랑, 아내자랑을 늘어놓는 1등 푼수를 자청하는 셈이다. 그렇다면 세 사람 보다 열사람, 백사람, 아니면 수천에서 수만 명으로 다시 수백만이 공감한다면, 이는 바로 커다란 여론이 형성될 것이다. 따라서 형성된 여론은 웃지 못 할 위력을 발휘하여 좋은 결과를 얻을 수도 있을 것이다.

'나 역시'란 말을 영어 철자로 표현한다면 미투(me too)가 된다. 다시 말해 이 말은 예시당초 참 좋고 뜻이 깊은 말인데 왜 그렇게 더럽고 치사한 말로 바꾸어 졌는지 참으로 안타깝다. 여기서 어디에 붙을 때가 없어 운동이란 말까지 붙어 "성폭력을 고발한다.", "역시 나도 당했다." 그렇다는 말 자체로 지구상 전 여성들로부터 커다란 공감을 얻어 유명한 브랜드로 등장하였다.

이 용어는 미국에서 발단하여 전 세계로 전파되었다. 주로 연예계나 정계의 거물급 또는 사회 저명인사가 저지른 성폭력을 고발하는 새로운 역사를 쓰게 되었다. 이것은 남녀관계에 국한된 것으로 굳이 따진다면 여자는 피해를 봤다는 것이고, 남자는 성 추문에 휘말려 옷을 벗거나 법적, 사회적 처벌을 받아야만 된다는 것으로 알려져 있다.

그러하다면 남녀 사이에 있어 어느 한쪽이 사랑의 감정이 없었다면

이는 '미투'로 사회적 문제가 되는 것이다. 그러나 둘 다 사랑의 감정이 있었다면 앞으로 결혼을 하여 자녀를 낳게 되고, 후손들이 번창하는 참 좋은 결과를 얻을 수 있다는데 정점을 찍어야 할 것이다. 그래서 시발점의 행동에서 상대의 동의를 구하지 못했다면 '미투'가 될 수밖에 없다는 것을 명심해야 할 것이다.

얼마 전 명찰을 단 어떤 모임에 참석한 일이 있다. 한 남성이 한 여성의 가슴에 달린 명찰의 성(姓)이 희성이라면 명찰을 만진다는 것이 그만 젖가슴을 툭 치고 말았다. 옆에서 보기엔 옳다 너는 이제 '미투'에 바로 걸렸다고 생각 했는데, 그 여성이 아무러치도 않게 넘김으로써 순조롭게 상황이 종료되었다.

한번은 만원 지하철에서 젊은 남성이 한 젊은 여성과 서로 밀치는 과정에서 신체접촉이 있었다. 이 여성은 남자에게 쌍스러운 말투로 따지면서 못 참겠다고 야단법석을 떠는 통에 객실 내 전 시선이 그곳에 집중되었다. 결국 공안이 와서 둘을 데려갔다. 객실 내 많은 승객들은 그냥 보고 넘길 뿐, 어느 누구편도 들지 않았다. 왜 그랬을까? 그것은 아마도 서로의 양심에 기인한 문제로 판단이 어려웠던 것이 아닌가 싶다.

남녀 간에 발생한 사소한 문제가 큰 사회적 문제로 비화되어 어느 한쪽이 화를 입는 경우가 부지기수다. 왜 그럴까? 그것은 아마도 남녀 인구비가 비슷하기 때문이 아닌가싶다. 어느 한쪽이 많이 부족하다면 서로의 이해가 쉬워질 것으로 여겨진다.

요즘 신문이나 TV에서 서로 옳다고 주장하는 '미투'사건이 하도 많으니 어느 것이 암까마귀인지 수까마귀인지 구별하기가 어렵다. 아무튼 조심 또 조심하여 '미투'사건이 발생하지 않도록 우리 모두 노력해야 옳지 않을까? 하는 생각이 든다.

남이야

까마득한 인류의 조상들은 무리를 지어 살면서 적들로부터 다 함께 지켜 왔다. 무리의 삶을 영위하기 위하여 힘을 합쳐 사냥이나 고기잡이 또는 농경으로 먹을 것을 얻어서 생활하였다.

차츰 문명이 발달하게 되어 서로가 필요한 물건을 다량 생산하여 물물교환을 하였다. 좀 더 발전하면서 장소와 날짜가 일정한 원조 5일장이 생겨 이때부터 장터문화가 생겼다.

인간은 혼자서는 살 수 없다.

그래서 자연스럽게 이웃이란 말이 힘을 얻어 이웃집, 이웃마을, 이웃도시, 이웃나라 등으로 가깝다는 뜻으로 표현해 왔다. 공동체 의식이 없었다면 불안과 위험으로부터 벗어난, 평화롭고 풍요로운 사회가 이루어질 수 없었을 것이다.

얼마 전 다섯 친구가 마누라 정성을 짊어지고 그리 높지 않은 산을 올랐다. 등산길은 계곡과 능선이 반반이었으나 경사가 급하여 정상에 오르기가 쉽지만은 않았다.

높이 올라갈수록 공기가 맑고 시원하다. 눈에 들어오는 나무와 풀들이 잘 어울려 아름다운 숲을 이룬다. 숲 사이로 파고드는 햇살이 잠깐이나마 태고의 이끼를 말린다.

청아한 계곡물엔 가재가 숨어들고, 산새는 임을 불러 노래를 부르며 산수화를 그린다. 능선을 오를 때는 산바람이 땀에 젖은 속옷을 말려주고 답답한 가슴을 열게 하였다.

산정에서 '야~호!'를 외쳐 본다. 발아래 펼쳐지는 산과 들, 강과 바다를 내려다보는 순간 쌓인 피로가 한꺼번에 달아났다. 술잔을 나누면서 각자가 가져온 도시락에 담긴 마나님들의 솜씨를 비벼본다. 보온병 커피에 구름 타서 마시니 신선의 향기가 절로난다.

오랜만에 좋은 기분을 유지한 채 일행은 올라온 길을 되돌아 내려왔다. 오를 때는 몰랐는데 내려갈 때의 능선길은 자갈길이라 무척 미끄러웠다. 조심조심 하는데 한 친구가 그만 미끄러져 넘어졌다. 엄살을 떠는지 발목을 움켜잡고 쩔쩔매는 통에 얼떨결에 부축해 일으키고 보니 발목을 삔 것이다.

한 친구는 배낭을, 나와 또 한 친구는 다친 친구를 거의 업다시피 하여 천천히 아주 힘들게 내려왔다. 그런데 내려오는 내내 한 친구는 남의 일보듯, 아무렇지도 안다는 듯, 전혀 도울 생각이 없어 보였다. 태연히 혼자 내려오는 것이 평소 발이 삔 친구와는 유감이라도 있는 것 같아 보였다.

간신히 내려오다 야외 주차장 의자에 걸쳐 앉아 남은 음료수를 나누어 마셨다. 아무리 생각해도 무관심하게 혼자 내려온 그 친구가 괘씸하여 한마디 뱉었다.

"넌 왜 그러니."

"남이야!"

보편적으로 나와는 상관없는 다른 사람이란 뜻이다. 좀 더 자세히 따져보면 가족도 아니고, 일가친척도 아니고, 학교 동창도 아니고, 이웃도 아니고, 친구는 더더욱 아니라는 뜻이 된다. 한마디로 크게 따진다면 남남이란 말이다. 그 말에 나는 너무 화가 났다.

"넌! 정말 우리가 남인가?"

"남이야"

똑 같은 말을 기계적으로 되풀이 한다. 비속어로 말해'남이야 전봇대로 귀를 후비든, 개미 발에 워-카를 신기든' 남이야 상관 할 바가 아니라는 뜻과 같다.

안타깝기는 하지만 그 친구의 대답이 아니더라도 '남이야' 하는 말 만은 쉽게 사용하여서는 아니 될 것 같다. 천상천하(天上天下) 유아독존(唯我獨尊)이 되기 때문이다. 홀로 무인도에서 오래 살아보지 않은 이상 말할 가치가 없는 것 같다.

결국 그 친구는 홀로 집으로 보냈다. 넷은 당장 내일 지구가 없어 지드라도 삐뚤어진 그 친구의 사고방식을 고쳐보기로 다짐을 한다. 그리고는 발목 삔 친구와 다 같이 병원으로 갔다.

촛불의 의미와 지혜

수없이 많은 촛불이 폴폴 날며 탄다.

연한 바람을 안고 꺼질 듯 말듯 휘어져 일렁거리며 탄다. 제 몸이 녹아 없어질 때까지 눈물을 뚝뚝 흘리며 탄다.

그러나 촛불은 언제든지 꺼질 수 있는 특성이 있다. 비바람이 몹시 불면 그 순간을 참지 못하고 꺼진다. 또한 제 몸을 다 태운 다음에는 스스로 말끔히 사그라지기도 한다. 그러나 하나의 불이 꺼지면 그다음 불이 켜지기도 한다.

어릴 적 나의 고향에서는 촛불 대신 등유라고 하는 석유로 호롱불 또는 남포 등불을 켰다. 살림이 어려운 집에서는 각종 식물기름이나 고래, 상어, 삼치 등 어류기름으로 밤을 밝혔다. 그 보다 더 옛날에는 흔하게 관솔불을 지폈다고 한다.

초는 원래 벌집의 밀랍으로 만든 천연적인 초와 석유계 물질인 파라핀 왁스로 만든 양초로 나누어진다.

촛불보다 먼저 불에 대하여 알아볼까 한다. 성냥불, 라이터 불, 남포불, 등불, 횃불과 화로의 불, 그리고 아궁이 불, 집불, 산불 등 셀 수 없이 많다. 여기서 유독 촛불을 말하는 것은 그 쓰임새가 좀 색다르기 때문이다.

예나 지금이나 사람이 죽으면 제일 먼저 촛불을 켜고 향을 피운다. 각종 제례행사에도 없어서는 아니 될 필수적 존재다. 그런 의미에서 본다면 신(神)들이 가장 좋아하는 것이 아닌가 싶기도 하다. 종교적 의식이나 무당의 굿 등 신앙적 행사에도 반드시 촛불이 등장한다. 또한 성스러운 결혼식이나 아기의 돌, 회갑, 생일 등의 각종 잔치에도 빠지지 않는다.

달빛이나 별빛도 없고 가로등 불빛이나 깜박이는 네온사인이 없는 새까만 그믐밤도 아니다. 몸집이 큰 놈도 있고 몸매가 아주 늘씬하게 잘생긴 놈들이 하얀 종이 치마를 두르고 추운 겨울 밤 꼼짝달싹하지 않고 그는 오래도록 휘늘어지게 춤을 춘다. 그 풍경은 한마디로 휘황찬란하다.

스스로의 의사와는 상관치도 않고 많은 불이 적은 불을 불러 모은다. 그리고 서로서로 엉키어 붙어, 없는 정(情) 있는 정을 다하여 분노를 연출한다. 분노가 모여 바싹 마른 양심에 기름칠을 한다.

모여든 그들은 외롭지 않다. 떼거리에서 패거리로 보기 좋게 모여들기 때문이다. 그들은 대북 확성기보다 더 큰소리로 고래고래 악을 쓴다. 그 모양은 모판에서 볍씨가 싹을 틔울 때처럼 일제히 고개를 쳐들고 아우

성치는 것과 흡사하다.

무엇인가 그려진 띠를 두른 촛불도 있고, 무엇을 말하는 것인지 "물러가라! ○○하라!"라는 현수막을 든 촛불도 있다. 맞은편에는 옆으로 새지 못하게 단단한 바리케이드가 쳐진다. 그것도 아니 되니 이번에는 엄청난 위력을 가진 물대포를 쏘아 붙인다. 그래도 효력이 별로니 아예 버스로 막아 버린다.

밤은 점점 깊어 간다. 그들은 일제히 일어선다. 이리저리 흔들거리면서 촛불과 촛불이 뭉친 패거리가 왜 그리도 촛불의 심지를 태우는지 방울방울 눈물이 떨어져 흰 처마자락을 적신다. 그리고는 마치 술 취한 도깨비의 횃불처럼 이리 휘청 저리 휘청 흔적을 남긴다.

촛불! 그들의 위력은 대단했다. 전국 방방곡곡에 돌림병처럼 전염되어 오직 그 목적 이외에는 그 어떤 처방도 효험이 없다. 다들 이를 두고 제4차 산업혁명의 발판을 만들기 위한 캄캄한 밤을 밝히는 위대한 역사라고 말한다.

혁명의 역사 앞에는 자거만치 별을 50개나 단 장군이 내려다보고 호령을 하고 있으며, 옆에는 호랑이처럼 생긴 맹수가 '어~흠!'하고 잡아먹어 볼까 입을 벌리며 기회만 노린다. 먼 북쪽에는 빙하를 타고 온 북극곰이 '나 하나 주면 안 잡아먹지.'하며 으름장을 놓고, 동쪽에는 푸르게 날이 선 칼을 찬 백상어가 수시로 낚시를 던진다.

사방의 틈바구니에서 무슨 용뺀 제주라도 있는지 불 속에 불인 '핵' 불을 든 붉은 괴물이 동족의 밥통을 집어삼키려고 으르렁거리며 으름장을 놓는다. 기껏해야 남의 힘을 빌려서 대적하려 하는 이 어리석은 촛불들이 또 다른 촛불들에게 조건 없이 따라오라고 눈치를 보낸다.

촛불은 비바람에 꺼질 수 있다. 이왕지사 치켜든 촛불이라면 그 어떤 태풍이 오더라도 꺼지지 않도록 견고한 벽을 만들어야 할 것이다. 따라서 스스로 이로운 길을 택하여 그 어떠한 위험이 닥치더라도 대처 할 수 있는 지혜와 용기는 물론이고 스스로 힘을 비축하는 슬기로운 촛불이 되었으면 좋겠다.

수족에 대한 소망

10년을 넘게 애착을 가지고 같이 지내 온 것을 두고, 그것이 무엇이든 간에 수족같이 지냈다고 할 수 있을 것이다.

수족이란 말은 손과 발이란 뜻이다. 대개 윗사람이 아래 사람의 충성심을 두고 수족 같다고 말하기도 한다. 수족같이 부려먹었다는 의미로도 통한다.

사람들은 사람이 아닌 물건을 두고도 수족 같은 존재라고 할 수도 있다. 때론 자기 몸을 사리지 않고 상대를 보호해주는 아주 귀한 존재를 두고 말이기도 한다. 오랫동안 친한 친구 같은 존재랄까 아니면 자기에게 아주 소중하다는 뜻이 담겨 있을 것이다.

비가 오나 눈이 오나 바람이 부나 추우나 더우나 험하고 가기 어려운 곳이라도 소중한 물건을 날라다 주는 그런 것을 두고 수족같이 부렸다고 해도 될 것 같다.

다니던 직장을 퇴직하면 다들 소일거리가 있어야 늙지 않고 건강하게 살 수 있다고들 한다. 딱히 퇴직하고 할 일이 없던 나로선 먼 거리지만 미리 준비해둔 토지가 조금 있었다. 그 땅에다 포고와 약초인 황기를 재배하였다. 먼 거리를 오가면서 버섯재배에 신경을 쏟았다.

그 당시 내가 타고 다니던 승용차로는 일터로 갈 수 없었다. 비포장 산골길인데다 도로가 굴곡이 심할 뿐 아니라 소나기나 폭우가 쏟아질 경우 길바닥이 파여서 다닐 수가 없었다. 생각 끝에 허름한 트럭 한 대를 사가지고 다닐까 하다가 중고차 매매 시장을 여러 군데 돌았다.

마침내 체면을 구기지 않을 정도의 자동차 1대가 눈에 들어왔다. 가격을 물어보니 300만 원에 주겠다고 하여 겨우 할인해서 200만 원에 7인승 갤로퍼를 샀다. 당시 출고 나이가 12살이었다. 그러나 누가 타던 것인지는 몰라도 흠집이 없고 내장이 고급스러웠다.

우선 차량 고사를 길바닥에서 지낸 다음, 뒷부분 의자 2개를 떼어내고 먼저 짐칸을 만들었다. 그래도 중간 좌석까지 5인이 탈 수 있고 목적대로 짐도 싣고 사람도 탈 수 있어 금상첨화였다.

크기에 비하여 다소 힘은 떨어지지만 앞뒤 대우가 있어 사람이 타고도 무거운 짐을 싣고 다니는 데는 별 무리가 없었다. 또한 값비싼 휘발유나 경유가 차가 아닌 가스를 사용하기 때문에 비용 면에서도 손해는 없었다.

내게 와서 벌써 13년째이니 진짜 나이는 25살이나 된다. 마일메타는

30만Km가 넘어 지구를 7바퀴 반가량 돌았다고 할 수 있다.

좋은 일이 있다거나 포장된 좋은 길은 죄다 세단승용차의 몫이다. 그야말로 목숨 걸고 가야 할 길만 가야 하니 주인 입장에서는 좀 미안한 마음이 든다. 그래서 그런지는 몰라도 세단승용차에 비하여 더욱더 애착이 간다.

여느 때는 스스로 미끄러지게 내버려 두기도 하고, 아무 데나 부딪쳐 보기도 하고, 때에 따라 남의 차를 들이박기도 하였다. 정말 그에게 참아 몹쓸 짓만을 골라서 너무 많이 한 것 같아 미안한 마음이 앞선다. 그를 때마다 병원에 가서 뚝딱거리고 조금만 고치면 또다시 멀쩡하게 제 의무를 다한다. 보배도 이런 보배가 어디 있겠는가. 참 고맙기도 하지.

한번은 표고장 내에 파 놓은 제법 깊은 웅덩이에 빠졌다. 그러나 주인을 다치지 않게 하기 위하여 단단하고 육중한 몸으로 막았다. 늦은 저녁인지라 급히 레커차를 불러 바로 세워 끌어 올리려고 무진 애를 썼다. 그러나 차체가 무거워 허탕을 쳤다. 결국에는 중장비를 불러서 겨우 끌어올려 바로 세웠다. 그런데도 옆면에 외상이 좀 났을 뿐 시동이 걸려 병원까지 제 발로 가서 조금만 손보니 본래의 모습과 기능에 아무런 이상이 없었다.

한번은 가드레인을 들이박고 두 바퀴가 나가 굴러 떨어졌다. 그런데도 사람은 다치지 않고 외부만 손상이 좀 있어 역시 병원에 가서 가벼운 경상 치료로 제 모습을 되찾았다.

사람으로 친다면 이미 만신창이 되어 죽기 일보 직전이 아닐까 싶다.

그는 이미 나와 함께 죽을 고비를 숱하게 넘긴 전우와 같다. 그러나 나와 같이 다 늙어 천대받는 신세가 될까봐 매우 애처롭다.

그런데 이놈이 요즘 와서 점점 이상한 소리를 내면서 자주 아프다고 한다. 이제는 병원에 가도 "이놈은 너무 늙어서 고친다 해도 이내 곧 병이 나니 어르신 폐차장에나 가져가세요." 한다. 나의 애마가 그곳에 가면 전신을 분해하여 썰만한 부분은 뒤로 빼돌려놓고, 나머지는 무참하게 망치로 치고 큰 해머로 찌그러뜨려 납작하게 만들어 버린다. 그것도 모자라 다시 주물공장의 불덩이 속으로 밀어 넣고 녹일 것을 생각하니 마음이 착잡하다.

그래도 같이한 세월이 얼마인데, 평소 내가 너를 좀 더 살살 다루었다면 하는 미안한 마음이 앞선다. 과거야 어찌되었든 간에 서서히 손 좀 봐줄 테니, 올해만이라도 수족이 더 되어 달라고 간절히 부탁해 본다.

하나의 불평

역사상 가장 훌륭한 지도자는 누구일까?

우리는 스스럼없이 세종대왕을 꼽는다. 백성을 위하여 훈민정음인 오늘날 한글을 창제하셨고, 북방의 여진족을 몰아내고 4군과 6진을 설치하여 두만강과 압록강을 잇는 중국과 러시아의 국경선을 남기셨다. 천민 출신인 '장영실'을 등용하여 측우기와 해시계를 만들게 하였고, 그 외에 모든 분야의 학문에도 획기적인 발전을 남기신 분이다.

예나 지금이나 나라가 잘 되려면 훌륭한 지도자를 만나야 한다.

훌륭한 지도자란 당연히 백성(국민)들로부터 추앙을 받아야만 한다.

지구상에는 자기 나라 국민으로부터 추앙받지 못한 많은 지도자가 있다. 그자들의 통치로 인하여 나라가 망하거나 존재해도 후진국을 면치 못하고 있는 현실을 쉽게 볼 수 있다. 그런 나라를 멀리서 찾지 않아도 된다. 바로 북한이 그 한 예니까.

여기서 지금 우리 사회의 모순 중 하나를 들추어 보고자 한다. 그 첫 번째는 이러하다. 누가 지어낸 이름인지 모른다. 그게 아니면 우연의 일치인지도 모른다. 지나간 3김 시대라 함은 김 씨 성을 가진 세 사람이란 말이다.

여기까지는 그런대로 좋은데 DJ, YS, JP 이것은 무엇인가. 사람이 태어나서부터 누구든지 부모님께서 지어 불러주던 이름이 있기 마련이다. 훌륭한 세종대왕이 창제한 한글을 두고 굳이 영어 알파벳 두 글자를 꾸어다가 쓰고 불러야만 하는가. 이를 두고 민족의 영혼을 말살하는 처사가 아니라고 누가 감히 말 할 수 있겠는가. 다시 바꾸어 부른다면 세종대왕을 'SJ'대왕이라 불러 모욕을 주는 것과 하나도 다를 바가 없을 것이다. 이것은 또한 유행가 가사에 나오는 "순이는 어디 가고 미스 김만 있는가."를 생각나게 하는 우리 민족의 근성에서 나오는 잘 못된 습성이다.

두 번째로 3김 시대를 보내고 나니 또 다른 새로운 말이 생겨났다. 이것 역시 어제부터 누가 지어서 어디에서부터 불러졌는지 모른다. 나로서는 사람들이 사랑을 너무 못해봐서 사랑에 걸구가 들어 사랑을 마구 난발하는 것이 아니가 싶어 안타깝다. 여기서 생긴 말은 다름 아닌 '노사모, 박사모'인데, 다행히도 '이사모'는 없다.

사람의 이름은 부르라고 지은 것이다.

대통령의 이름을 부르면 혀가 꼬부라지고 입이라도 돌아가는지, 아니면 입안에 가시라도 돋는지, 그동안 이름은 버리고 성만을 가지고 살았나 싫어진다.

컴퓨터를 열고 보니 ○○사모가 가장 많이 보였다. 어이가 없다. 그러면 어떤 자의 성씨가 '개'씨라면 '개사모'가 되어야 마땅할 것이다. 참 이상한 말이다. 역대 대통령 중, 김 씨가 둘이고, 노 씨가 둘이다. 그렇다면 누구는 사모가 있고 누구는 사모가 없으니 너무나 불공평하다. 요즘 TV나 신문에서 '박사모'가 많이 나오는데 외국인처럼 긴 이름도 아닌데 왜 이렇게 얼토당토 않는 줄인 말을 편하다고 써먹는지 불만이다.

누가 누구를 사랑하는 것은 당연하고 좋은 일이다.

위 두 가지 경우를 볼 때, 이는 굳이 원인을 찾는다면 패거리와 아첨에서 생긴 말이 아닌가 싶다.

지구상에는 많은 나라와 민족이 있지만 모두들 자기 나라 말과 글을 아끼며 소중하게 여기고 잘 다듬어 쓴다.

5천만 국민이 살고 있는 이 나라는 백이민족이라고 하며, 사계절이 분명한 그야말로 금수강산이다. 그런데 유독 우리만 남의 나라 말과 글을, 그것도 약자로 쓴다거나 좋은 우리말과 글을 이상하게 줄여 쓰는 일이 많다. 바로 그것이 나의 작은 불평이다.

비극의 현장

누구나 세월이 흘러도 지워지지 않는 추억은 있다.

가끔 눈이나 비가 오는 날이면 새록새록 도지는 아련한 추억이랄까, 아니면 가슴에 엉겨 붙은 아픈 미련이랄까, 아무튼 기분 좋은 일은 아니다.

울산이 고향인 나는 군 제대 후 잠시 고향에서 공직생활을 하다가 다시 시험을 치르고 공무원이 되어 산 설고 물선 강원도 평창이란 곳의 깊은 산골에서 산림보호를 담당하게 되었다.

요즘은 서해안에도 눈이 많이 오지만 그 당시는 유독 강원도 영서산간지방에만 많은 눈이 내렸다. 눈으로 길이 뚫리지 않으면 온 겨울 내내 가족이 구들장 신세를 져야만 했다. 그렇지 않을 겨우 이웃집을 가는 것이 고작이었다.

대부분의 현지 담당자는 외진 산골에서 마을 이장집이나 반장 집, 아니면 처녀가 있어 젊음을 이해해 주거나 반찬을 깔끔하게 잘 해 주는 집을 골라서 하숙을 했다.

미처 녹지 않은 눈 속에서 새움이 돋고, 제법 훈훈한 바람이 산골처녀들의 머리카락을 날리는 이른 봄날이었다. 나른한 춘곤증이 게으름을 알리면 점심때까지 꼼짝 못하게 만든다.

싱숭생숭 봄날이 풀리는 오후였다. 가까운 담당구역으로 순찰을 나섰다. 잔설이 깔린 산등을 2개나 넘어 막바지에 있는 국유림에 당도하니 한 비탈의 아름드리 소나무가 깡그리 베어져 탈피된 황갈색의 매끈한 알몸으로 제멋대로 이리저리 누워있었다. 너무나 어처구니없는 일이라 어찌해야할지 눈앞이 캄캄해 졌다.

이것이 바로 그 당시 '도벌현장'이란 것이다. 자기 담당구역 내에서 대단위 도벌이 났을 경우 사전예방하지 못한 책임을 져야 한다. 더욱이 피의자를 잡지 못할 경우에는 업무태만으로 엄중처벌을 피하기 어렵다. 그래서 도벌꾼을 잡으려고 혼신의 노력을 다 한다.

평창군 진부는 그 당시 강릉에서 서울로 가는 길목일 뿐만 아니라 도벌된 나무의 유통지로도 유명하다. 좁은 진부바닥에 목재 재제소가 17개나 되고, 여기서는 주로 야간을 이용하여 은밀하게 도벌한 나무를 헐값에 구입하여 재제 후 외지로 반출하였다.

지금 생각해도 이해하기 어려운 것이 하나 있다. 그 당시 목재 값이 얼마나 비쌌지 다방에 가면 호주머니에서 목측(나무로 만든 잣대)을 꺼내는 사람은 모두 도벌목상이다.

여러 날 고생 끝에 마침내 도벌꾼을 잡았다. 잡고 보니 높은 산등을 넘어 아주 깊은 산골에 이웃하여 살고 있는 30대 나이의 처남과 매제였다. 이들은 여러 해 흉년이 들어 호구지책으로 어쩔 수 없이 도벌을 했던 것이다.

둘을 구인하여 조서를 꾸몄다. 그런데 매형이란 자가 먼저 이렇게 애원을 하였다.

"제가 한 것이고 처남은 그저 저를 도와준 것뿐이니 저를 처벌하시고 처남은 죄가 없으니 집으로 돌려보내 주세요."

곰곰이 생각해보니 굳이 둘을 모두 처벌하는 것 보다 그중 한 사람이 희생하는 것이 좋겠다는 생각이 들었다.

결국 매형만 2년간 실형을 받고 감옥살이를 하게 되었다.

그런데 실형을 마치고 출소한 매형이란 자가 나를 찾아와서 울먹이며 말했다.

"실은 그때 도벌은 저 혼자 한 것이 아니고 처남도 같이한 공범이니 이제라도 처남을 처벌하여 주십시오."

그리고 잠시 후 지서에서 전화가 왔다.

"어떤 젊은이가 여기 와서 도벌이 어떻고 하면서 매형 네가 6·25때 인민군에게 밥을 해 준 적이 있어 고발한다면서 횡설수설하는데, 아마도 그쪽 일 같으니 와서 데리고 가시오."

처남이란 자를 지서에서 데리고 와서 한자리에 앉혀 놓고 자초지종을 조용히 따졌다. 차마 듣기조차 민망하기 짝이 없는 기막힌 사연이 벌어졌던 것이다.

매형과 처남은 생활이 어려워 공모하여 도벌을 하였던 것이 사실이었다. 둘은 사전 합의하여 매형이 나이 적은 처남을 생각하여, "내가 다 뒤 짊어 쓰고 감옥 갈 것이니, 처남은 내가 감옥에 있는 동안만 누나와 어린조카를 잘 돌봐 주기 바란다."라고 둘은 굳게 약속한 것이다. 그래서 매형은 마음 놓고 2년 동안의 감옥살이를 무사히 마쳤던 것이다.

그런데 막상 그가 출소하여 돌아와 보니 집안 형편이 눈 뜨고는 볼 수 없을 정도로 피폐되어 있었던 것이다. 아내에게 물어보니 그동안 처남은 단 한 번도 누나 집에 온 일도 없을 뿐 아니라, 누나의 생활에 도움을 준적은 더더욱 없고 도리어 외면하고 지냈다는 것이다. 그래서 살기가 어려워서 면회 한 번 못 갔던 것이라고 하였다.

그래서 매형이 괘씸하여 처남을 고발한다 하니 처남은 얼토당토 않는 6·25 당시 일을 끄집어내어 맞고소하려고 지서로 갔고, 실형을 마치고 온 매형은 내게로 달려온 것이다.

인륜을 저버리고 처남 남매지간에 서로의 허물을 들어 맞고소한 이 기막힌 사실 앞에 나는 아연실색 할 수밖에 없었다. 그래서 둘을 좋게 타일러 서로 악수를 시킨 다음 집으로 돌려보내면서 부디 앞으로 잘 지내라고 간곡히 부탁하였다.

아름다움과 덕망

외모 지상주의에 대하여 혹평을 하고 싶다.

얼굴은 곧 간판이다. 사람의 간판은 곧 얼굴이다. 어떤 단체나 업체의 대표 또는 가장 표준 되는 부분을 두고 그 부분에 대한 얼굴 또는 간판이란 용어를 자주 쓴다.

사람들은 누구나 자기가 전문한 분야에 얼굴이 되고 간판이 될 수 있다. 인간뿐만 아니고 동물과 식물에서도 마찬 가진다. 달리 말한다면 한국 사람은 어떻게 생겼고, 어느 나라는 어떻고 등 나라마다 특이한 공통점을 가지고 있기 마련이다. 백인, 흑인 또는 그 지역의 원주민까지도 공통되는 특징과 특성 가지고 있기 마련이다. 그 표준이 가장 잘 표출되는 부분을 두고 얼굴 또는 간판이라고들 말한다.

사람의 얼굴만 가지고 따진다면 미인이란 말이 맞을 것이다.

역사적으로 볼 때 동양의 대표 미인은 '양귀비'이고, 서양에서는 '클레오파트라'라고 한다. 그들은 그 시대에서는 대중들이 보기에 가장 잘 생긴 사람으로 보였을 것이다. 그러면 지금에 와서도 같을까요? 아니다 미인의 기준도 시대마다 다르고 나라마다 다르다.

조선시대의 미인은 풍만한 엉덩이나 허벅지를 가진 여성을 두고 미인이라고 하였다. 당시 이론상으로는 3색(色)과 9색(色)이란 것도 있다. 지금도 간혹 쓰는 9색을 갖춘 사람이란 뜻과 같다. 이를 세분하면 이빨, 피부, 흰 손이 삼백이고, 여기에 눈, 눈썹, 검은 머리카락이 삼흑이고, 입술, 뺨, 붉은 손톱이 삼홍이다. 또한 가슴, 이마, 눈과 눈 사이가 넓으며 삼광이고, 손가락, 허리, 발이 가느다란 것이 삼세이며, 손바닥. 발목, 콧구멍이 애처롭게 가늘어야 하는 것이 삼박이며, 입술, 팔, 엉덩이가 올망하고 도톰해야 하는 것이 삼후라 하였으며 키, 머리카락, 손이 긴 것을 삼장이라 하였다. 이을 골고루 갖춘 여자를 두고 9색을 갖추었다고들 하였다. 정말 이 모두를 갖추기란 불가능 할 것이다.

근세에 들어서는 작고 갸름한 얼굴과 흰 피부를 가진 이를 두고 미인이라고 하였으며, 중국에서는 이목구비가 뚜렷하고 눈이 큰 여자, 일본에서는 거울처럼 빛나 보이는 이마와 꽃봉오리 같은 코를 가진 여자 ,미국이나 서구에서는 풍만하고 탄탄한 몸매에 인형 같은 얼굴과 금발 머리를 가진 여자, 특히 이란에는 코가 낮아야 미인이란 기준도 있다.

또 달리 우리들은 갸름한 얼굴에 쌍꺼풀이 있는 눈과 적당히 높은 코를 가진 여자를 두고 미인이라고들 한다. 여배우 S씨나 K씨를 두고 말

할 수도 있을 것이다.

그러면 남자들은 어떠할까?

어깨가 넓고, 키가 크고, 턱의 선이 잘 생기고, 얼굴이 선명하게 생긴 남자를 여자들은 미남이라 여긴다는데 그러나 진정한 미남은 생김새가 그리 주요시 하지 않다고 하는 이도 많이 있다.

자고로 여자는 꽃에 비유하여 예뻐야 하고, 남자는 큰일을 한다 하여 풍채가 좋아야 한다고들 하였다. 요즘 성형외과병원을 두고 얼굴 정비공장이라 한다. 여자뿐만 아니고 남자들도 많이 드나든다고 한다.

왜 그럴까?

현실사회 자체가 잘 보이지 않는 내면보다 그대로 즉석에서 감상할 수 있는 외모를 우선하는 외모지상주의로 변해버린 것이 아닌가 싶다. 그러나 외모만 너무 따지다보면 엉뚱한 곳에서 모순과 괴리가 생기는 것을 우리는 종종 볼 수 있다.

평소 우리가 사람을 보는데 있어 보편적 관점, 지성적 관점, 예술적 관점, 감성적 관점을 두루 살펴 종합적으로 평가해야 한다고 본다. 여기서 지식과 덕망은 물론이고 목소리도 비교해 보고, 성격도 파악해 보고, 인상도 눈여겨 살펴보고, 때로는 관상학적인 부분과 사주팔자까지도 따져 봐야 할 것이다.

외모지상주의는 TV나 영화에 있어 화면 빨을 먹고 사는 연예인이 아니더라도 가장 중요한 생활의 일면인 취업전선, 연애와 결혼, 대인관계에 있어 그것이 차지하는 비중이 너무 크기 때문이다.

"보기 좋은 떡이 먹기도 좋다", "같은 값이면 다홍치마"라는 속담과 같이 못 생긴 얼굴보다 잘 생긴 얼굴이 화사하게 웃는다면 금상첨화가 아닐까 한다. 더 나아가 무척 인상적이고 믿음직스럽고 복스러움이 있는 얼굴이면 더 더욱 좋지 않을까?

그러나 "빛 좋은 개살구"라는 속담도 있고, "얼굴이 반반하면 꼴값을 한다"는 옛말도 있다. 반드시 얼굴이 잘생겼다고 출세하는 것도 아니고, 부자가 되는 것도 아니고, 크게 명성을 얻는 것도 아니고, 장수 할 수 있는 것도 아니다.

이 지구상에는 70억 인구가 살고 있다. 인간의 내면과 외면을 두루 살핀다면 똑 같이 잘 생긴 사람도 못 생긴 사람도 없을 것이다. 그러나 고도로 발달된 현실사회에서 가혹할 정도로 외모에 치중되어 얼굴이란 간판을 중요시 여기고 있다는 것이 문제다.

개개인의 내면에 숨어 있는 인품과 덕망 그리고 진실한 마음을 먼저 생각하고 그 다음 외모를 평가하는 사회가 되었으면 하고 바랄뿐이다.

삼켜 버린 삶의 터전

동해안을 따라 7번 국도가 뻗어 있다.

삼척에서 울진으로 가다 보면 '동막'이란 이정표가 나타난다. 이정표를 따라 긴 계곡을 올라가면 터널이 있고 이를 지나서 내륙으로 통하는 2차선 포장도로가 있다. 동막이란 마을은 막장에 있는 '마읍'이란 동네의 바로 아랫마을이다. 전답이 많아 살기 좋은 농촌 마을로, 다른 한편으로 산이 좋다고 하여 살기 좋은 산촌이라고 한다.

정숙이 네 집은 '수리봉' 밑에 있는 '반전'이란 곳이다. 그녀는 이래저래 미루다가 혼기를 놓친 마흔을 바라보는 나이지만 아직 앳된 처녀티가 제법 많이 남아있다.

요즘 들어 그녀는 매일 쪽문 앞길에 나와 시선을 산 중턱에다 박아 놓는다. 4월의 산은 아직 푸르다기보다 엷은 초록에 더 가깝다. 그러나 바라보는 산은 아직도 잿빛이다.

그녀의 집안은 증조부 대부터 이곳에서 살고 있는 토박이다. 아버지는 술과 노름으로 가산을 탕진하고 화병으로 일찍 세상을 떠났다. 아버지 없이 가난 속에 6남매를 키우시느라 어머니의 손은 늘 흙투성이가 된 갈퀴다. 그런 어머니마저 시름시름 앓다가 몇 해 전에 자식들만 남겨 놓고 아버지 계신 곳으로 떠났다.

졸지에 가장이 된 그녀는 어린 6남의 아버지와 어머니가 되어야만 했다. 아침저녁으로 아궁이에 가난도 피워야 하고, 동생들 등교도 시켜야 하고, 먹고 살기 위하여 남의 전답이지만 농사도 지어야 했다. 그렇다 보니 제 몸 치장 한번 제대로 하지 못하고 꽃다운 청춘을 세월에 묻어야만 했다.

'반전'마을은 봄이면 온 산천에 진달래가 붉게 물들고 마을 앞 고갯길에 아롱다롱 아지랑이가 바람을 피운다. 여름이며 마을청년들이 개천에서 물길 따라 꺾지, 쏘가리, 버들치, 미꾸라지, 메기를 잡아 다리 밑에서 신나게 천엽을 한다. 추석이 가까워 오면 산 어귀에는 어련히 빨강 테이프가 쳐지는 아주 평화롭고 살기 좋은 곳이다.

가을이 가까워지면서부터 그녀는 배낭을 메고 아주 이른 새벽 매일같이 빨간 테이프가 쳐진 산으로 오른다. 그리고 그 배낭에 남정네 무엇같이 생긴 1등급 송이를 한가득 지고 내려와서 동생들을 밥 먹여 학교에 보낸다. 그러고 나서 삼척산림조합에 가서 넘기고 무직한 통장을 들고 혼자 미소를 짓는다.

아버지가 술과 노름으로 돈 되는 것은 다 팔아먹고 유일하게 남겨 놓은 것이 매일 바라보던 조상들의 무덤이 있는 선산이다. 이산은 생김새도 좋을 뿐 아니라 소나무 숲이 딱 알맞게 자라서 좋은 송이가 많이 나기로 소문이 나 있다.

1년을 두고 한 달이 채 못 되는 기간 동안 2~3천만 원의 돈이 통장에 쌓인다. 이것을 밑천으로 동생들 학비며, 농사비며 어렵지만 그런대로 살림을 꾸려 갈수 있었다.

어느 봄 날, 따사로운 햇볕을 밀치고 세차게 바람이 불어왔다.

바람을 타고 갑자기 산에서 연기와 시뻘건 불기둥이 솟아오르더니 불은 삽시간에 앞뒤 산을 모두 삼켜 버렸다. 그리고는 높은 산 능선을 넘어 갔다. 소방차가 오고 헬기가 연신 물을 날라다 부었지만 허사였다. 이것이 바로 나와 그녀가 함께 바라본 처참하고 악몽 같은 삼척지역의 대형 산불현장이다.

당시 나는 삼척 동해지역의 국유림을 관리하는 총책을 맡고 있었다. 그래서 평소 어느 누구보다 '반전' 마을을 많이 드나들었다. 봄철 산불조심 기간에는 삼일이 멀다 하고 이곳을 지나친다. 그러다 보니 보고들은 바가 있어 마을주민들은 물론이고 정숙이 네 집안의 사정도 잘 알고 있었다.

이곳을 지나치다 보면 가끔 그녀의 형제들이 집 밖에 나와서 까맣게 타 버린 선산을 바라보곤 하였다. 마치 돌부처가 된 것처럼 멍청히 서 있는 날도 있었다. 그럴 때면 지나치다가 차에서 내려 위로도 하고 먹을 것이 있으며 남김없이 몽땅 주었다.

한 해가 무심히 지나간다. 이른 봄부터 사람들이 몰려와 온 몸에 먹칠한 깜둥이가 되어 불탄 나무를 베어내고 새로운 나무를 심었다. 물론 그녀도 그들 틈에 끼어있었다.

표정이 무거운 그녀가 하루는 보자마자 "불탄 송이 밭에도 송이가 나는가요?"라고 물어본다. 나는 아무른 대답도 할 수 없었다. 산불이 지나간 자리에는 송이포자가 타 버렸기 때문에 수십 년이 지난 후 다시 날 수도 있지만 영영 안날 수도 있기 때문이다.

다시 한 해가 지나고 꽃샘바람이 매섭게 지나칠 무렵이다. 산불계도차 정숙이네 마을을 지나치다 겨울을 어떻게 보냈나 싶어서 그녀의 집에 들였다. 그러나 인기척은 없고 냉기만 가득 찬 빈집이다.

이날따라 새삼 정숙이 네 가족이 삶의 터전인 정든 고향을 버리고 떠나가는 모습이 상상 속에서 자꾸 울먹이면서 나를 괴롭힌다.

땀 흘려 얻은 즐거움

퇴직 후 취약한 건강을 위하여 주 3회 이상 가는 산책길이 있다. 도심을 약간 벗어나 논밭을 지나 그리 높지 않은 산길이다. 길목에 오봉댐 물을 받아 논밭으로 보내는 도수로가 있다.

수로가 지나가는 산비탈 일부에 나무뿌리와 잡초를 제거하고 일구어 60평가량의 밭을 만들었다. 그리고 둘레에다 그물망 울타리를 쳐서 노루, 고란이, 토끼와 멧돼지의 피해를 막았다.

처음 몇 해는 생땅이라 옥수수, 감자, 고추, 야채 등을 심었다. 아무리 비료와 물을 주어도 그들은 매정하게도 늘 배고픈 상태로 일생을 마감하여 별로 얻는 것이 없었다. 생명력이 강한 잡초에 밀려나서 고생하는 그들이 애처로워 우리 부부는 매번 잡초와 전쟁을 치렀다.

주변 풀을 베어 쌓아 썩혀서 퇴비를 만들어 뿌렸다. 삽과 괭이, 땀으로 심경(深耕)도 하였다. 그랬더니 땅은 점점 좋아지고 보들보들하여 비료 발도 잘 받고 제 역할을 다하는 것이 대견스럽기까지 하였다.

이때부터 나는 제법 농부의 흉내를 내느라 바쁘다. 기후와 토질에 맞는 작물과 품종의 선택, 그리고 가꾸는 방법에 심혈을 기우렸다. 다시 말하면 씨앗과 모종 구입, 파종과 모종심기, 시비시기와 수확방법 등이다. 가능한 공해가 적은 방법으로 수확 할 때까지 정성을 다 쏟아 부었다. 간단한 농사일지도 만들어 매년 분석하고 이에 근거하여 좀 더 과학적으로 접근하였다.

그런데 최근에 와서 극심한 가뭄으로 도수로도 제구실을 하지 못한지가 오래다. 작물마다 가뭄을 타서 병충해가 극성을 부리고 성장도 둔화되어 TV에 나오는 먹지 못한 난민의 애들과 같이 불상하다. 따라서 자연히 밭에 가기가 싫고, 농사란 아무나 하는 것이 아니구나 하는 자격지심이 들었다. 농사에 대한 흥미는 점점 떨어지고 싫증에 짜증까지 도져 속까지 상했다.

봄에 뿌린 상추, 무, 배추는 물론이고, 모종한 고추, 오이, 가지, 호박까지 말할 것도 없다. 그것도 모자라 감자나 옥수수까지 시들시들 말라 비틀어진다.

작물로 심은 것은 겨우 목숨만 부지하고 있는데 반면 바랭이, 망초, 쑥대, 쇠뜨기 같은 잡초는 때를 만나 아주 채마전을 집어삼킬 것 같이 폼을 잡고 으쓱대며 줄줄이 뻗어간다.

언젠가는 저놈의 기세를 꺾어 모조리 죽여 없애고 말겠다는 생각으로 비만 와 봐라하고 나는 비 오기만 학수고대 하였다.

그런데 이게 웬 일입니까?

오라는 비는 점점 오지 않고 곳곳의 저수지는 물론이고 상수원까지 말라 사람부터 죽을 판이다. 더욱이 6월인데도 기온이 35도 이상까지 올라서 심고 가꾸었던 그들은 모조리 말라죽어가는 처참한 지경에 이르게 되었다. 조금이라도 힘이 되라고 응원하는 의미에서 나는 예초기로 주변 잡초를 제거하고 아내는 말라 딱딱한 밭에 잡초를 제거 했다.

연신 목에 두른 수건으로 비 오듯 흐르는 땀을 훔친다. 가져간 음료수로 목을 축이면서 예초기로 잡초와 싸운다. 지나가는 등산객은 비웃기라도 하듯이 애처롭게 피식 웃는다.

1시간가량 고된 작업으로 풀베기와 김매기를 반 정도 마쳤다. 그래도 명맥을 유지하고 있는 상치와 쪼그라든 오이를 따서 대충 씻어 그늘에 앉아서 가져간 점심을 먹었다.

다 먹고 나니 식곤증에 잠이 몰려온다. 더위와 고달픔도 잊은 채, 개미가 분주하게 이사한다고 팔다리와 얼굴을 지나가는데도 쉽게 낮잠에 빠져들었다. 잠든 사이에도 아내는 더위 먹은 고추도 따고 실오리 같은 부추도 베고 김치 담을 짧고 몽땅한 무도 뽑았다.

곤한 몸을 낮잠으로 풀고 다소 가벼운 몸으로 하던 일을 계속했다. 시간이 갈수록 기온은 내려갈 생각을 않고 하늘 높은 줄 모르고 올라만 간다. 이제 막 대관령 꼭대기 위로 먹구름이 몰려든다.

오후가 중간이 될 때까지 부지런히 일을 하였다. 마지막 마무리 작업을 하려고 하는데, 찌푸린 하늘에서 천둥과 번개가 요란하게 소리를 내면서 먹구름을 짜갠다. 이내 곧바로 굵은 빗줄기가 물동이로 내리 붓듯이 쏟아진다. 미처 피할 사이도 없이 소나기를 그대로 맞았다.

빗물과 땀이 뒤섞여 속옷까지 모조리 젖어 몸에 착 달라붙어 육체미를 자랑한다. 한편으로는 시원하기도 하고 또 다른 한편으로는 밥솥에 찐 감자나 옥수수처럼 푹 퍼져서 구수하기만 하다. 소나기가 지나고 나니 옷도 마음도 서늘하다. 그러나 감자, 옥수수, 채소들이 생기를 찾은 모습을 보니 새삼 신농(神農)씨라도 된 기분이다.

짐을 챙겨서 돌아올 때는 시원한 바람이 마중한다. 힘은 들었지만 소낙비 맞은 하루를 보내면서 새삼스럽게 비와 땀과 노동에 대한 즐거움을 한끝 누려본다.

'어차피 올 것이었다면 일찌감치 올 것이지.'

매화를 닮아서

우리 집 대문 양옆으로는 낮은 담장이 팔을 뻗고 있다. 담장 위에는 사철 푸른 나무와 앵두 등 작은 과수나무 분이 나란히 놓여있다. 꽃과 향기가 뛰어난 그들이 사이좋게 계절을 차례로 알려준다. 분은 높은 앞집에 가리어 겨울에도 찬 북서풍을 직접 받지 않는다. 창문으로 선명한 계절의 변화를 만날 수 있다.

지난해 아내는 식목일을 앞두고 산림관서에서 실시하는 '나무 나누어주기' 행사에 참석했다. 그곳에서 감나무와 매실나무를 받아와서 공터가 없는 지라 큰 화분에 심어 담장 위에 올려놓았다. 지난 한 해 동안 비료와 물뿐 아니라 영양제까지 주어 지극정성으로 공을 들인 은혜로 제법 컸다.

겨울이 마지막 기승을 부리던 2월말 어느 날이다.

오랜만에 귀 덮는 모자를 눌러쓰고, 두터운 외투 호주머니에 두 손을 찔러 넣고, 친구들 모임에 가기위해 대문을 나섰다. 그때 후각을 의심케 하는 향기 한줌이 앞을 가로질러 스쳐갔다. 반사적으로 얼른 뒤돌아보니 담장 위에 앉아있는 작은 매화분에서 보낸 선물이었다.

우리네 선조들은 매·난·국·죽(梅蘭菊竹)을 일컬어 덕목과 인품을 갖추었다 하여 사군자라 한다. 그중에서도 매화는 정갈한 여인네에 비유하기도 하고, 청렴한 선비를 상징하기도 한다. 또한 흔들리지 않는 한결같은 애절한 마음으로 사랑하는 사람을 기다리는 인내심과 고고한 성품과 곧은 기질의 뜻을 가지고 있다.

매화는 장미과의 자두 속, 매실 종에 속하는 과목의 일종이다. 또한 꽃의 색깔에 따라 흰 색깔을 가진 일반매화와 붉은 색의 홍매화로 구분한다. 한 가지에 두 색깔의 꽃이 피기도 하고, 이른 봄 눈 속에서도 핀다하여 설중매라 불러진다.

이름 그대로 매화의 열매를 매실이다. 열매가 익어도 푸른빛을 띤다면 청 매실 또는 청매, 붉은 빛을 띠면 홍 매실 또는 홍매라고들 한다. 매실은 식재료 또는 약재로 아주 긴요하게 쓰인다.

그러나 무어라 해도 매화는 꽃으로써 그 지위가 대단하다. 여염집 규수의 차가운 자태에다 양귀비를 쏙 빼 닮아 향기가 특이하다.

매화에 얽힌 슬픈 전설도 많이 있다.

'옛날 어느 도공의 정혼여가 결혼을 앞두고 갑자기 죽었다. 도공은 너무나 슬퍼서 아무 일도 하지 못했다. 어느 날 도공은 그녀가 그리워 무덤을 찾았다. 무덤가에 매화 한그루가 돋아 있었다. 도공은 캐다가 집에 옮겨 심고 지극 정성으로 키우면서 늘 그녀를 그리워했다. 세월이 흘러 도공은 죽었고 도공이 빚은 도자기에서 휘파람새 한 마리가 나와서 매화나무 위에 앉아서 슬피 울었다. 그리하여 그녀가 죽어 매화가 되고, 도공이 죽어 휘파람새가 되었다.'

그리움과 슬픈 사연이 담긴 참으로 애절한 전설이다.

내가 살고 있는 강릉 오죽헌에도 이율곡이 매화를 좋아하는 어머니의 뜻을 길이기 위하여 심었다는 율곡매(栗谷梅)가 있다. 천연기념물 제484호로 지정되어 600년 동안 관객의 사랑을 한 몸에 받고 있다.

그날 모임은 친구 4명이 한 달에 두 번씩 모이는 모임이다. 주로 허름한 추어탕 집 골방에 모여 점에 100원짜리 고스톱을 쳐서 떼인 돈으로 추어탕에 소주를 곁들러 저녁 식사를 하는 것이 전부다.

그런데 그날따라 2월 매조가 나의 손을 떠나지 않았다. 그래서 그런지는 몰라도 그날따라 화투가 매끄럽게 잘 풀렸다. 집으로 돌아오는 순간까지 하루 종일 기분이 좋고 마음이 개운하였다.

차갑고 추운 긴 겨울을 이겨내고 잎보다 먼저 피는 매화는 꽃과 향기로 봄을 알리는 아름다운 전령사이기도 하다.

그날 저녁만이라도 아내는 담장위에 다소곳이 앉은 매화를 닮아 향기를 풍기는 것 같았다. 직접 분을 만들어 올려놓아서 그런지 몰라도 차갑고 깨끗한 기품이 담겨져 있어 보였다.

갖진 어려움 속에서도 오랜 세월 동안 불평 없이 함께 자식을 키우고 집안을 이끌어 온 아내이다. 매화가 피는 문턱에서 오는 봄을 맞으면서 매화처럼 고결한 아내의 인품에 새삼 감사한다.

밤에 찾아온 재난

2002년 8월 31일과 9월 1일은 기억하고 싶지 않는 날로 영원히 기억되는 날이다. 당시 나는 삼척과 동해에 있는 국유림을 관리하는 책임자로 삼척시 근덕면 소재지에 사무실을 두고 있었다.

전년도 발생한 대형 산불피해지역의 산림복구를 위하여 전 직원이 총동원되어 휴일도 없이 이리 뛰고 저리 뛰었다.

늦더위가 쉬어가는 어느 토요일 오후다.

오후 4경부터 남쪽하늘이 아주 검정으로 덧칠하다 못해 그음 밤처럼 깜깜해진다. 금방 동이물을 하늘에서 내리붓는 것 같이 비가 바람을 타고 비인지 물인지 분별 할 수 없을 정도로 쏟아졌다.

제일 먼저 복구 작업현장에 휴대전화 또는 무전으로 굴삭기 등 중장비를 안전한 곳에 옮겨놓고 즉시 철수하라고 일렀다. 연락이 두절된 작업장은 직접 가보겠다고 차량을 대기시켰으나, 먼저 사무실에 도착한 직원들의 만류로 나시지 못하고 도로 주저앉았다.

다행히도 각 작업장 직원들이 오후 6시 이전에 모두 사무실로 들어왔다. 관내 호산. 도계 팀 사무실과 가곡자연휴양림에다 폭우로 인한 피해가 없도록 미연에 철저히 대비하라고 일렀다.

구내식당에서 저녁을 먹고 나니 비바람은 더욱 심해지더니 마침내 오후 8시경부터 사무실 바닥에 물이 들어왔다. 시간이 갈수록 수위는 점점 높아져 끝내는 무릎까지 차올랐다. 동네주민들이 몰려와서 2층 회의실에 대피를 시켜 달라고 한다. 일단 회의실 바닥에 자리를 깔고 모두 들어오게 하였다.

동해바다로부터 1.5Km이상 떨어져 있는 사무실이다. 그런데도 해일이 일어나 바닷물이 치솟아 빗물이 빠지지 못하고 역류하여 마을과 들판이 온통 바다가 되었다. 상상 할 수 없는 일이 순간에 들이닥치니 안절부절 할 수밖에 달리 묘수가 없었다.

시간이 조금 더 지나니 전깃불이 꺼지고, 전화 휴대폰 무전 등 모든 통신망이 두절되었다. 수돗물까지 나오지 않아 식사는 물론이고, 화장실마저도 이용 할 수 없게 되니 이만저만 큰 일이 아니었다.

직원들과 지역주민들이 다함께 회의실에서 비상촛불에 의지하여 새우잠을 청한다. 그러나 현지 팀 직원들의 생사가 걱정되어 나는 거의 뜬눈으로 밤을 새웠다.

새벽이 되니 빗줄기는 차차 약해지고 라디오 방송이 제일 먼저 나왔다. 사방으로 교통망은 모두 끊어지고 삼척과 강릉이 피해가 가장 극심하며 그야말로 시가지가 이비규환이라고 한다.

간신히 삼척시내까지는 갈수 있었다. 거기서 핸드폰으로 상부에 간단한 상황보고를 하고, 곧 바로 직원들의 생사가 걱정되는 가곡자연휴양림으로 향했다.

7번 국도는 곳곳이 무너지고 흘러내려 성한 곳이라고는 한군데도 없다. 응급 복구한 1차선을 이용하여 간신이 호산 팀에 들릴 수 있었다. 거두절미 하고 젊은 팀장을 무조건 차에 태우고 가곡휴양림이 있는 풍곡으로 달렸다.

32Km나 되는 휴양림 가는 길을 3Km도 못가서 도로가 끊어져 기사와 차량은 남겨두고 젊은 팀장과 둘이서 걸어서 올라갔다. 제일 먼저 아는 집에 들려 찬밥으로 허기를 면한 후, 가끔 길이 아닌 산비탈을 헤쳐가면서 발이 부르트도록 걷고 또 걸었다.

10시가 넘으니 구름사이로 햇살이 나오는 데 덜 망가진 아스팔트 2차선 한가운데 드럼통 보다 더 큰 바위가 가로 막고 있었다. 하천 바닥에 있던 것이 물살에 의해 굴러 왔다는 것을 대번에 알 수 있었다. 새삼 물의 위력이 이렇게도 센지 실감나는 순간이었다.

풍곡 마을입구에 들어서니 마을주민이 맨발로 울면서 시체를 찾느라 하천 둑을 헤매고 있는데 차마 눈뜨고는 볼 수가 없었다. 휴양림까지는 3Km 정도가 남았는데 산 밑에 있는 가옥 중 뒷문을 통과한 토사가 앞문을 밀고 나온 것이 여러 곳에 보였다.

10여 집이 살던 삼거리 마을은 아예 전체가 없어지고 달랑 반 토막 난 한 집이 겨우 남아 있었다. 그 집 주인은 면사무소에 상황을 알리려 내려가는 중이였다. 경황이 없는 사람에게 마음이 급하여 휴양림직원의 생사를 물어보니,

"누군지 모르지만 새벽에 물은 건너지 못하고 건너편에서 소리를 질렀으나 나도 경황이 없어 미처 확인하지 못했어요." 한다.

그 말을 듣고 난 뒤부터는 급경사에 암반인 산비탈을 단숨에 올라 휴양림 매표소 앞산에 이르러 메아리치듯 소리를 질렀다.

"그기에 누가 없는가!"

그 소리를 들었는지 직원이 나와서 윗옷을 벗어 흔들며 무어라 소리치는 것을 보고는 무사한 줄을 알았다. 그 순간 안도의 한숨이 새어나왔다. 다시 맥 풀린 걸음으로 천천히 갔던 길로 되돌아 사무실에 도착하니 이미 해는 서산으로 지고 있었다.

1959년 9월 추석을 전후하여 북상한 제14호 태풍 '사라'때 600mm 강우에 849명의 실종사망, 37만 명 이재민에 662억 원의 재산피해가 났다는 기록이 있다. 그로부터 43년이 지난 2002년 8월 31일과 9월1일 사이에 순천-거창-상주-강릉으로 올라온 태풍 제15호 '루사'는 871mm 강우에, 246명의 실종사망, 6만3천 명의 이재민에, 5조2,622억 원의 재산피해를 기록했다.

위 두 태풍을 비교하면 그동안 꾸준히 산을 가꾸고 치수 공사를 하여 자연재해에 대비해 왔다는 것을 짐작 할 수 있다.

우리는 이번 태풍을 거울삼아 해상. 철도. 항공, 산불 등 인재사고도 중요하지만, 특히 풍수해. 폭염. 한파. 지진 등 예고 없이 찾아오는 자연재해에 대하여 더욱 사전대비를 철저히 하여 소중한 생명과 재산을 보호해야 할 것이다.

반가운 소식

대낮보다 더 밝은 LED등 아래 반쯤 열린 창틈으로 쌀쌀맞게 달빛이 스며든다. 아담한 거실 천장 가운데에 매달려 천연덕스럽게 조잘대는 작고 예쁜 한 쌍의 새가 바닥을 내려다본다.

자기들은 창살에 갇힌 채 감옥살이를 하는 것도 모르고 수다를 떨고 있다. 이들은 마치 우리 부부의 사랑을 확인하고 잘못된 부분을 알려주는 것처럼 행동한다. 그러고 보니 그들은 이 세상을 다 가진 것처럼 좁은 공간에서도 여유를 부리며 산다.

얼마 전 아내가 이웃집으로부터 새끼 앵무새 한 쌍을 무상으로 얻어와 신주처럼 모셔다 놓았다. 그것도 모자라 새장과 먹이통 그리고 한 달 가량의 식량까지 무상으로 기증을 받았다. 처음 며칠은 낯가림을 하느라고 아주 유리컵 깨지는 소리로 수다를 떨었다.

자식들을 모두 짝지어 내 보내고 우리 부부 둘만 살다 보니 집안은 절간 같다. 7년 전 초여름, 적막한 집안의 허전함을 매우기 위하여 위층에 사시는 새댁으로부터 고양이 한 마리를 역시 무상 분양 받았다. 흰털을 가진 조금 덜 자란 놈이라 복을 가져다 줄 것이라 믿고 이름을 '복돌이'라 지어 불렀다. 그리고 그는 한동안 우리 부부의 사랑을 독차지 하였다. 그 사랑의 틈을 비집고 들어온 자가 바로 앵무새란 놈이다.

'복돌이'는 앵무새 가족이 들어온 날부터 신기한 여석들을 만난 것처럼 이리 뛰고 저리 뛰고 정신없이 설친다. 천장에 매달린 새장을 쳐다보기도 하고 특유의 '야~ 옹!' 소리를 질러 보기도 한다. 그것도 성이 차지 않자 거실에 놓여 있는 책상, 소파, 그리고는 TV 위에까지 올라가서 한바탕 디스코를 춘다. 때론 높이뛰기 선수가 되어 매달린 새장을 향하여 뛰어 보다가 지치면 구석에서 낮잠을 주무신다. 그때마다 앵무새는 날 잡아 보란 듯이 폴폴 날면서 마구 약을 올린다.

밤이 깊어 거실에 불이 꺼진다. 그 수다쟁이도 재잘거리는 주둥이에 자물쇠라도 채운 것같이 가만히 있으니 갑자기 집안은 쥐 죽은 듯이 고요해진다. 이때는 그들도 나란히 사이좋게 앉아서 꿈나라를 헤매는 모양이다. 먼동이 틀 무렵이면 날이 밝아 오는 것을 알아차리는지 마구잡이로 다시 재잘거린다. 그러면 우리 부부는 잠자리에서 어쩔 수없이 일어나야만 한다.

일어나자마자 그들의 먹이와 물을 챙기고 새장 청소도 말끔히 한다. 그러다가도 그들에게 눈길이라도 주면 '밤새 안녕하셔요.'라고 인사라도 하는지 더욱더 요란스럽게 조잘 된다. 그래서 우리가정은 한동안 그들과 함께 아주 평화롭게 지낼 수 있었다.

앵무새는 어느덧 '복돌이'와 정이 들었는지 사이좋게 잘 지낸다. 아내는 실시간 그들의 모습을 최대한 아름답게 핸드폰으로 촬영한다. 그래서 서울에 사는 외손자들에게 전송한다. 그것도 모자라 매일 영상통화로 생중계한다.

그러던 어느 날 외손자들로부터 뜻밖의 제안이 날아왔다. 그것은 다름 아닌 앵무새를 자기네 집으로 보내 달라는 것이다. 아내는 중학생인 손녀와 초등학생인 손자에게 잘 기르겠다는 다짐을 단단히 받아낸다. 그러고 나서 그렇게 하기로 결정을 내린다. 이는 남편인 나의 의사와는 전혀 상관없이 이루어진 편중되고 갑작스런 계약이었다.

그 후 얼마 안 있어 정선에 있는 농막에서 농사일도 할 겸, 딸 내외와 애들을 함께 만나기로 하였다. 우리 부부는 갤로퍼에 짐을 잔뜩 싣고 그 사이에 새장을 실었다. 영문을 모르는 그들은 무슨 여행이라도 가는 것처럼 명랑하게 즐거운 듯이 수다를 떤다. '복돌이'는 이들의 모습을 반쯤 열린 앞문 사이로 멍하니 바라보면서 작별 인사를 하는 것처럼 꼬리를 흔들어댄다.

이틀을 농막에서 지낸 그들은 차를 바꾸어 타야만 했다. 서울로 가야 하는 것을 알았는지 그들은 새장 안을 빙빙 돌면서 버둥댄다. 그리고 그 어느 때 보다 큰소리로 짹짹거리는 것이 내 귀에는 노래가 아닌 슬픈 이별의 소리로 들렸다.

사람이나 고양이나 새나 모두 똑 같이 이별 후에는 반드시 소식이 기다려지기 마련이다. 서울로 간 그들은 얼마 후 한꺼번에 9개의 알을 낳았고 다시 얼마 후 새끼가 태어나서 대를 이을 수 있게 되었다는 반가운 소식이 들려왔다.

어디까지가 좋을까

과유불급(過猶不及)이라.

무엇이든 지나치면 부족한 것만 못하다.

과연 어디까지가 좋을까. 그 대답은 참으로 애매하다. 그 대상과 상황 그리고 보는 이의 주관적 관점에 따라 다 다를 수가 있기 때문이다.

어느 재벌가가 돈이 너무 많아서 상속자 간에 서로 더 많이 가지려고 싸운다. 부모자식간이나, 형제자매간에 갈등의 골이 너무나 깊어져 가정이 무너진다. 그래도 여기까지는 좋다. 종말에 가서 서로는 철천지원수(徹天之怨讎)지간이 된다.

반대로 가난한 자가 너무 많아서 목전에 이웃집이 굶어 죽는다. 그래도 '닭 쫓던 개 지붕 쳐다본다.'는 격이 되어도 과연 괜찮을 것인지? 아니면 절대로 그래서 안 될 것인지?

지루한 장마가 계속된다. 때맞추어 폭우가 쏟아져 홍수로 하천이 범람한다. 제방이 무너져 온통 시내가 물바다가 된다. 그래도 과연 주민들이 좋아할까?

눈이 너무 많이 내려 길이 막힌다. 모두들 눈 치우기에 매달려 헤어나지 못하고 과로로 건강을 잃는다. 식량이 제대로 공급되지 않아 끼니 걱정이 된다면 과연 춤을 출 사람이 있을까?

식당은 하나데 음식 맛이 있어 손님들이 넘쳐나고 미쳐 밀린 주문에 대응하지 못한다. 모처럼 오신 손님들이 발길을 돌린다. 반대로 먹을 만한 식당은 많은데 손님이 없어 집집마다 파리만 날린다. 과연 그래도 괜찮을까?

서울이 좋다 하여 너 나 할 것 없이 모두 서울로 가는 바람에 시골은 텅 비고 농사는 다 꼬꾸라진 노인네 차지이다. 반면 서울은 인구 포화상태가 되어 교통과 주거 대란이 일어난다. 그것도 모자라 경기도 자체를 아예 서울에 합치고자 한다면 이래도 될까?

결혼 적령기를 맞는 남녀의 인구 대비가 너무나 심각하여, 처녀 한 명에 수십 명의 총각들이 목을 맨다든가, 아니면 그 반대로 청년 하나에 수십 명의 처녀가 서로 차지하려고 앙탈을 부린다면 과연 제대로 된 사회가 이루어질까?

그래서 우리 사회에서는 '그저 적당히, 그저 알맞게'란 말이 생겨난 것이 아닌가 싶다.

식물이나 동물의 세계에서도 마찬가지다. 식물에 있어 외래수종이 반입되어 급속도로 번지는 바람에 그 보다 생명력이 약한 아름다운 토종 식물들이 설 자리를 잃고 죽어간다. 요즘처럼 개체수가 너무 많아 먹이가 모자란 멧돼지가 도심에 나타나 시민을 위협하는 보도를 자주 접한다. 이 모두는 좋게만 볼 수 없는 현실이라고 본다.

유난히도 더위가 심하던 지난여름에 본 일이다.

더위가 기승을 부려 아스팔트가 녹아 김이 오른다. 냉방기란 냉방기는 모조리 최고도로 올려 전기에 과부하가 걸려 통제가 불능이다. 거리에 늘씬하게 빠진 젊은 여성들이 중요한 부분만 가린 채 팬티인지 미니스커트인지 모를 옷을 입고 거리를 활보한다. 이것을 보는 남자들은 얼마나 궁했는지 눈요기를 하느라 서로 밀치기 싸움을 한다.

또 다른 역설적인 한 단면을 보자. 남들은 해수욕을 즐기는 동안 취미가 달라 낚시 대를 메고 유유히 해수욕장을 스쳐 지나친다. 역시 늘씬한 젊은 여성들이 몸매 자랑을 하는지 아슬아슬한 수영복을 입고 바다를 즐긴다. 바닷물은 유리알처럼 맑다. 그러나 아무도 눈길 한번 주지 않는다.

위 두 장면에서 확연히 차이가 있다.

때와 장소 그리고 상황에 따라 달리 보이기 때문이다. 그렇다면 거리의 아주 짧은 미니스커트를 입고 활보하여 보는 이의 눈살을 모이게 하는 것이 과연 좋은 일일까? 한때 미니스커트의 입은 여성들의 무릎 위에 경찰이 잣대를 잤다 댄 적도 있다. 여기서 우리는 노출도 과하면 아니함만 못하다는 것을 알아야 할 것이다.

행복이나 즐거움이나 기쁨은 클수록 좋고, 배려나 칭찬이나 웃음은 많을수록 좋고, 아름다움이나 화려함이나 황홀함은 더 할수록 좋다고들 한다. 반면 걱정이나 불행이나 질투와 시기는 적을수록 좋고, 질병이나 추함이나 초조함은 없을수록 좋다.

좋다 뒤에는 나쁘다가 따라 온다. 누구든 늘 좋을 수만은 없다. 그렇다면 좋지도 나쁘지도 않는 중간은 어딜까?

그래서 너무 지나치지도 않고, 너무 과하지도 않고, 그저 적당하다가 제일 좋은 것이 아닐까하는 생각을 가져본다.

몽돌해변에서 생긴 일

퇴직 후 옛 근무지 후배들의 초청 모임이다.

초가을 남해안 거제 몽돌해수욕장의 물때 지난 바다가 횟집은 한산하다. 모처럼 현직 후배들의 초청 모임이라 먼저 반갑고 가슴이 설렌다. 지난날 그 많던 어려운 고비를 헤쳐나간 기억들이 하나하나 떠올라 기분이 묘하다.

파도가 엷게 찰랑이는 바닷가 횟집에서 후배들과 함께 싱싱한 생선회에 소주를 곁들린 저녁은 가희 진수성찬이다. 모두들 거나하게 취하여 달빛이 부서지는 해변 벤치로 자리를 옮겼다. 밀려오는 파도와 어울려 반짝이는 몽돌이 신선을 불러 모은다.

취기에 잘 어울리는 해변의 밤은 깊어만 간다. 서로는 서로에게 휩싸여 하나가 되고 모두는 야릇한 감흥에 젖어든다. 달빛은 익어만 가고 물빛은 더욱 반짝거린다.

일행은 모두 소년소녀로 돌아가서 미리 준비한 폭죽을 터트린다. 후배들이 돌리는 해변의 소주잔은 스스럼없이 비워진다. 술에 취했는지, 달빛에 취했는지, 아니면 아롱거리는 파도에 취했는지, 고래고래 목청을 높인다. 젊은 친구들은 휘파람을 불기고도 하고, 서로서로 어깨동무를 하고 흥에 취하여 노래를 부른다.

그것도 성이 안차는지 사업을 하는 일행 한 분이 "이제부터는 내가 쏜다! 한 사람도 빠지지 말고 모두 노래방으로 간다."라고 하여 어쩔 수 없이 따라갔다.

다시 양주에 맥주가 나온다. 앞 다투어 신청곡을 목청껏 부른다. 이 광경을 보고 있자니 마치 무당의 굿판을 연상시키기에 모자람이 없다. 모두가 하나 되어 즐겁게 춤을 추는데도 술잔은 쉬지 않고 돌아간다. 유독 노래를 잘 부르는 A 씨는 아주 메들리로 마이크에 방어막을 치고 열창을 한다.

한 순배 노래가 다 돌아가고 내 차례가 가까워 온다. 몹시 가슴이 답답하고 불안하여 얼굴이 화끈거린다. 음치란 병이 갑자기 도져서 참기 어려울 지경이다. 이때를 놓치지 않고 옆에 있는 한 일행에게 배를 움켜잡고 얼굴을 찡그리며 "아마도 저녁 먹은 것이 채한 것 같으니 약을 좀 사 먹고 올 테니 찾지 말라."고 일러주고 황급히 악마의 소굴을 빠져나왔다.

숙소까지 일행을 모셔갈 운전기사 세 사람이 술도 먹지 못하고 야외 탁자에서 잡담을 하고 있다가 나를 보더니,

"왜 나오세요."

"저녁을 너무 잘 먹어서 채한 것 같아요."

나는 내 자신을 양심 보따리로 묶어 버린다. 그들 중 한 친구가 약국에 달려가 소화제를 사 와서 내 민다. 배를 잡고 있다가 약을 먹는 척했다.

나는 숙소로 먼저 가야겠다고 생각하고 있는데 일행 중 제일 나이 많은 B 씨가 때맞추어 노래방을 나와서 자기도 몸이 불편하여 숙소로 먼저 가겠다고 한다. 짝 맞추어 그와 함께 먼저 숙소로 돌아왔다.

배정된 방에 홀로 누워서 천장을 쳐다본다. 노래 못 부르는 자신이 참 한심스럽기도 하고 더욱이 후배들에게 너무나 미안하여 마음은 가시방석이다.

불을 끄고 이리저리 뒤적이다 보니 금방 3시간이 지나간다. 밖이 요란하더니 모두들 숙소로 돌아온다. 아직 술이 덜 깬 상태로 하나 둘 내 방을 찾아와 야단법석을 떠는 통에 속이 까맣게 타다 못해 섞어 문드러진다.

부르지 못해도 평소 내가 즐겨듣던 그 노래들이 이날따라 현기증이 날 정도로 야속하고 원망스럽다. 지금도 늦지 않았으니 열심히 노래 연습을 하여 언젠가는 오늘과 같은 수모와 거짓을 꾸미지 말아야겠다고 작심하고 잠을 청한다. 그러나 잠은 오지 않고 작심한 야무진 꿈도 헛된 망상임을 스스로 시인한다.

'야! 참 한심한 이 친구야 제발 철 좀 들어라!' 속으로 자신을 원망하고 달래보기도 한다. 그러고 나서 다시 헛된 망상을 지워보려고 무척 애를 쓴다.

수필문학사 수필선집 439

앵무새가 우는 까닭

2018년 10월 01일 초판 인쇄
2018년 10월 05일 초판 발행

지은이 / 유임종
발행인 / 강석호

발행처 / 도서출판 교음사
편 집 / 隨筆文學社 出版部

03147 ·서울 종로구 삼일대로 457 수운회관 1308호
Tel (02) 737-7081, 739-7879(Fax)
e-mail : gyoeum@daum.net

등록 / 제300-2007-52호

* 잘못된 책은 바꿔 드립니다. 값 12,000원

ISBN 978-89-7814-735-4 03810

이 도서의 국립중앙도서관 출판예정도서목록(CIP)은 서지정보유통지원시스템 홈페이지
(http://seoji.nl.go.kr)와 국가자료공동목록시스템(http://www.nl.go.kr/kolisnet)에서
이용하실 수 있습니다. (CIP제어번호 : CIP2018031131)